Friedhold Vogel

Versprochen!

150 verheißungsvolle Andachten

hänssler

Danksagung

Danken möchte ich zuerst meiner Frau, die mich immer wieder ermutigt hat, dieses Buch zu schreiben.

Danken möchte ich meinen beiden Schwiegersöhnen Matthias Enneper und Manuel Melui für die Anregungen.

Und danken möchte ich vor allem Jesus Christus, der die Erfüllung aller Verheißungen ist.

Anmerkung zum Schriftsatz
In den Bibelversen wird die konkrete Verheißung jeweils durch einen besonderen Schrifttyp hervorgehoben.

2. Auflage 2006
Hänssler-Hardcover
Bestell-Nr. 394.489
ISBN (10) 3-7751-4489-7
ISBN (13) 978-3-7751-4489-6

Internet: www.haenssler.de
E-Mail: info@haenssler.de
Umschlaggestaltung: oha Werbeagentur, Oliver Häberlin, CH-9470 Buchs, www.oha-werbeagentur.ch
Titelbild: istockpro, Calgary, Kanada
Satz: Satz & Medien Wieser, Stolberg
Druck und Bindung: Ebner & Spiegel, Ulm
Printed in Germany

Vorwort

Lieber Leser,
es geht in diesem Buch um das Wort Gottes. Ich hoffe, Sie gestatten es mir aber, einen Augenblick lang auf die Umstände einzugehen, unter denen dieses Buch entstanden ist. Es soll zur Ehre Gottes sein.

Als im Januar 2005 meine Frau nach einer langen Krankheitsphase heimgerufen wurde, habe ich mich an ihrem Sterbelager unter Tränen neu Jesus Christus ganz zur Verfügung gestellt. Ich betete, dass ich ihm ungeteilt bis zur letzten Stunde meines Lebens als Evangelist dienen will.

Schon wenige Wochen danach gab es kaum noch eine Lücke in meinem Terminkalender. Aber dann kam alles ganz anders als geplant. Es stellten sich seltsame Sprachprobleme ein. „Das gibt sich", dachte ich und war weiterhin pausenlos im Einsatz. Aber es wurde zunehmend problematischer. Bei einem stationären Aufenthalt in der Uni-Klinik in Tübingen wurde dann ALS – Amyotrophe Lateralsklerose – diagnostiziert, ein unaufhaltbares Absterben der Nerven, die für die Muskeln zuständig sind. Endstation: völlige Lähmung. Es war ein Schock für mich und zugleich ein Fragen: „Herr Jesus Christus, was willst du mir sagen?" Ich habe bis heute noch keine Antwort, aber ich habe in den zurückliegenden Monaten immer wieder Gottes besondere Liebe und Fürsorge erlebt.

Bei zwei aufeinander folgenden Gebetsseminaren, als die Sprechprobleme schon ziemlich fortgeschritten waren, wurde ich jeweils auf eine besondere Weise durch das Bibelwort ermutigt: „Befiehl dem Herrn deine Wege und hoffe auf ihn, er wird's wohlmachen" (Psalm 37,5). Ich entdeckte es bei dem ersten Seminar auf einem Poster, das auf dem Büchertisch lag. Bei dem zweiten Seminar stand es an der Pinnwand im Arbeitszimmer der Frau des Pastors, in dem ich übernachtete.

Als mir mehr und mehr bewusst wurde, dass ich meine Wohnung aufgeben muss, um in ein entsprechendes Pflegeheim zu ziehen, hat mir ungefragt der geistliche Leiter der Bibelkonferenzstätte Langensteinbacherhöhe, Pastor Andreas Schäfer, die Frage gestellt, ob ich mir ein Bleiben im Konferenzzentrum in Karlsbad bei Karlsruhe vorstellen könnte. Der Arzt des Hauses stehe mir zur Verfügung und ebenfalls Krankenschwestern, die zur Gemeinde gehören. Dieses Angebot berührte mich sehr stark, weil ich einmal zu meiner Frau gesagt hatte: „Wenn du nicht mehr lebst, dann ziehe ich auf die Langensteinbacherhöhe." Zuletzt schenkte mir Gott eine liebevolle Lebenspartnerin, die mir jetzt eine unentbehrliche Hilfe ist. So habe ich noch einmal geheiratet.

Inzwischen kann ich nicht mehr sprechen und spüre auch, wie die Kräfte langsam nachlassen.

Ich halte mich in allen Anfechtungen an das Wort Gottes und in diesen Tagen nun besonders an die Verheißung, mit der Jesus Christus mich am Anfang der Krankheit zweimal besonders angesprochen und ermutigt hat: „Befiehl dem Herrn deine Wege und hoffe auf ihn, er wird's wohlmachen."

Er kann es auch in Ihrem Leben wohlmachen!

Karlsbad, Juni 2006

Ihr Friedhold Vogel,
Pastor i. R. und Evangelist

Anmerkung des Verlags

Am 4. Juli starb Friedhold Vogel an den Folgen seiner schweren Krankheit. Friedhold Vogel lebte mit Gottes Verheißungen. Dieses Buch ist sein Vermächtnis.

1 Das Navigationssystem

Welche der Geist Gottes treibt, ***die sind Gottes Kinder.*** (Römer 8,14)

Als ich mir vor einiger Zeit in meinem Auto ein Navigationsgerät habe installieren lassen, war ich total begeistert. Keine nervenaufreibende Suchaktion mehr in einer Großstadt. Kein verzweifeltes Auf-die-Uhr-Schauen und hilfloses Umherirren. Völlig entspannt saß ich am Steuer und hörte auf die freundliche Stimme, die mir sagte: „Biegen Sie links ab. Halten Sie sich rechts. Nehmen Sie die Ausfahrt." Und am Ziel hörte ich: „Sie haben Ihren Bestimmungsort erreicht." Mehrere Satelliten wussten, wo ich mich befand, und navigierten mich zum Reiseziel.

Kinder Gottes haben einen absolut zuverlässigen Navigator – den Heiligen Geist. Darum können sie entspannt und voller Vertrauen durch ihr Leben gehen.

Dabei bekommen Christen nicht in jeder Minute irgendwelche Anweisungen. Auch die Stimme, die aus meinem Navigationsgerät zu hören ist, redet nicht pausenlos. Wenn man nicht nach links oder rechts abbiegen muss, dann ist alles klar: Man kann dem Straßenverlauf weiter folgen.

Sie können das auf den Heiligen Geist übertragen. Normalerweise führt der Geist Gottes Sie so, dass Sie das nicht erkennbar erleben. Trotzdem ist er da, weiß, wo Sie sich befinden, kennt Gottes Plan für Ihr Leben und führt Sie. Dabei ist der Heilige Geist kein seelenloser Satellit. Er ist die dritte Person der göttlichen Dreieinigkeit. Er ist der Geist der Liebe, der Kraft und der Besonnenheit (2. Timotheus 1,7).

Geistesleitung – Geistesnavigation – ist das große Vorrecht der Kinder Gottes. Wenn Sie Jesus Christus als Ihren Herrn und Erlöser angenommen haben und sich jeden Tag neu ihm zur Verfügung stellen, können Sie mit Zuversicht durch Ihr Leben gehen. Gott hat die Übersicht.

2 Schicksal und Chance

Denn wie durch den Ungehorsam des einen Menschen die Vielen zu Sündern geworden sind, ***so werden auch durch den Gehorsam des Einen die Vielen zu Gerechten.*** (Römer 5,19)

In dieser Verheißung werden die zwei einflussreichsten Persönlichkeiten der Gottes- und Menschheitsgeschichte genannt: Adam und Jesus. An beiden entscheidet sich Schicksal und Chance jedes Menschen. Die erste Persönlichkeit – Adam – ist der Urvater der Menschheit. Als er im Ungehorsam Gottes Gebot im Paradies übertrat (1. Mose 3,6-7 und 17-19), stellte er für alle Menschen aller Jahrtausende bis heute die Weiche zur Sünde und zum Tod. Seitdem wird jeder Mensch „auf dem falschen Gleis", getrennt von Gott, geboren.

Die zweite Persönlichkeit ist Jesus. Er ist der Beginn, der Erste, die Schlüsselfigur einer neuen, mit Gott versöhnten Menschheit. Durch seinen Gehorsam bis zum Tod am Kreuz stellte er die Weiche wieder in die Gegenrichtung: für ein neues Leben, für eine neue Beziehung zu Gott und für einen offenen Himmel. Überdenken Sie dazu die Verheißung des Tages: „*So werden auch durch den Gehorsam des Einen die Vielen zu Gerechten.*"

Bei dem Begriff „Gehorsam" müssen Sie das vor Augen haben, was vor 2000 Jahren auf dem Hinrichtungshügel Golgatha geschah. Zwischen zwei Terroristen hing angenagelt der Sohn Gottes. Er nahm die Sünden, die Rebellion gegen Gott, die Verbrechen, den Egoismus aller Menschen aller Jahrtausende auf sich – auch Ihre Sünden. In der Bibel lesen wir: „*Er erniedrigte sich selbst und ward gehorsam bis zum Tode, ja zum Tode am Kreuz*" (Philipper 2,8). Sein Sterben hat auch Sie gerechtfertigt, also zu einem Gerechten gemacht, sofern Sie sich ihm anvertraut haben und ihm nachfolgen. Gott macht uns zu Menschen, die vor ihm bestehen und vor ihm stehen können.

3 Der höchste Adelstitel

Denn ihr seid alle durch den Glauben Gottes Kinder in Christus Jesus. (Galater 3,26)

„Kinder Gottes" – das ist der höchste Adelstitel, den es im Himmel und auf der Erde gibt. Stellen Sie sich vor, der mächtigste Mann der Erde – vielleicht der Präsident der USA – würde ein heruntergekommenes und verlaustes Straßenkind aus den Slums von New York adoptieren. Das wäre die Sensation des Jahres, und es wäre für dieses Kind ein unvergessliches Ereignis. Aus einer Bretterbude ins Weiße Haus. Von einem Nobody zum Sohn des Präsidenten. Welch ein Wechsel. Atemberaubend! Aber noch größer ist das Wunder, dass der Gott des Universums uns schuldige Menschen zu seinen Kindern machen will. Menschen, die die Hölle verdient haben, sollen Erben des Himmels werden. „Eintagsfliegen" erhalten ewiges Leben und dürfen zu dem Schöpfer des gesamten Universums Vater sagen.

Doch Vorsicht! Nicht jeder kann diese Verheißung so einfach für sich in Anspruch nehmen. Sie gilt nur denen, die an Jesus Christus glauben – *„denn ihr seid alle durch den Glauben Gottes Kinder in Christus Jesus"*. Die Worte *„durch den Glauben"* müssen besonders betont werden. Wenn die Bibel von Glauben spricht, dann meint sie nicht das, was heute allgemein darunter verstanden wird. Bei Gesprächen über den christlichen Glauben habe ich oft die Worte gehört: „Ich glaube auch an Gott." Viele verstehen darunter nicht mehr, als dass sie an die Existenz Gottes glauben. Der biblische Begriff „Glaube" jedoch meint eine persönliche Bindung und eine persönliche Beziehung – und zwar an Jesus Christus. Wer so glaubt, wer so vertraut, wer sich so an Jesus Christus gebunden hat, der ist ein Kind Gottes und darf mit dieser herrlichen Gewissheit leben.

4 Kopilot sein

Wer sich selbst erniedrigt, ***der wird erhöht***. (Matthäus 23,12)

Gott wird keinen „*erhöhen*", der sich nicht selbst erniedrigt. In der Bibel finden Sie dazu die Aussage: „*Und er* (=Jesus Christus) *ist darum für alle gestorben, damit, die da leben, hinfort nicht sich selbst leben, sondern dem, der für sie gestorben und auferstanden ist*" (2. Korinther 5,15). Es ist die beste Erklärung für das, was unter „*selbst erniedrigen*" zu verstehen ist: Ein Mensch macht im Cockpit seines Lebens den Platz frei für Jesus Christus. Er ist bereit, Kopilot zu sein, und überlässt Jesus Christus die Steuerung. Nun kann Jesus Christus Hände und Füße, Augen, Ohren und Mund, Denken, Wollen und Fühlen, Zeit und Besitz gebrauchen. Alles steht ihm jetzt zur Verfügung. Das ist kein verantwortungsloses und bequemes „Sich-gehen-Lassen". Das ist aktiver Einsatz zur Ehre Gottes. Wer sich so Jesus Christus zur Verfügung stellt, der wird erhöht, der wird ein brauchbares Werkzeug zur Verherrlichung Gottes und zum Heil für Menschen. Der erlebt, dass Gott durch ihn das Leben von Menschen verändert.

Als der Sohn Gottes – der Schöpfer des Universums – Mensch wurde, hat er sich selbst unvorstellbar erniedrigt. Er, der Himmel und Erde geschaffen hat, sagte: „*Der Sohn kann nichts von sich aus tun, sondern nur, was er den Vater tun sieht*" (Johannes 5,19). Jesus lebte Sekunde um Sekunde in völliger Abhängigkeit von seinem Vater. Und doch ging noch nie ein Mensch über diese Erde, der so Gewaltiges und Bedeutendes für Zeit und Ewigkeit getan hat wie Jesus Christus. Je mehr Sie sich Jesus Christus zur Verfügung stellen, umso mehr kann Gott Sie zu seiner Ehre „*erhöhen*". Sind Sie dazu bereit?

5 Ernteblick

*Wer erntet, **empfängt schon seinen Lohn und sammelt Frucht zum ewigen Leben.*** (Johannes 4,36)

Auf einer Reise hatte Jesus Christus seine Jünger in einen nahe gelegenen Ort geschickt, um Nahrung zu kaufen. Er selbst hatte sich zur Ruhe an einem Brunnen niedergelassen. Durch eine Frau, die um diese ungewöhnliche Zeit – es war Mittag – zum Wasserholen kam, wurde seine Siesta unterbrochen. Mit ihr führte Jesus ein Gespräch über lebendiges Wasser, das den Durst für immer stillt. Dabei offenbarte er sich ihr als der verheißene Messias.

Überwältigt von dieser Erfahrung rannte die Frau in die Stadt zurück und rief Freunde, Bekannte, Nachbarn und alle, die sie traf, an den Brunnen zu gehen, um den Messias – den Christus Gottes – kennen zu lernen. Inzwischen waren seine Jünger zurückgekommen und luden Jesus zum Essen ein. Er aber richtete ihre Blicke auf die vielen Menschen, die vom Ort her zum Brunnen unterwegs waren und sprach die Verheißung: „*Wer erntet, empfängt schon seinen Lohn und sammelt Frucht zum ewigen Leben.*" Die Jünger waren mit Essen beschäftigt, Jesus aber sah eine Menschenernte, und er forderte sie auf, sich jetzt dafür zur Verfügung zu stellen.

Menschen für das Reich Gottes zu gewinnen ist Frucht zum ewigen Leben – so hat es Jesus gesagt. Wir brauchen den Ernteblick, den Jesus hatte. In unserem Land sind es nicht die Massen, die reif zur Ernte sind, aber wenn Sie sich Jesus zur Verfügung stellen, dann werden Sie erleben, dass da und dort Einzelne offen sind für das Evangelium. Stellen Sie sich dann als Erntehelfer Gottes zur Verfügung. Sammeln Sie mit den vielen Erntehelfern der Welt Frucht für das ewige Leben.

6 Das Entsorgungsangebot

Wenn wir aber unsre Sünden bekennen, so ist er treu und gerecht, ***dass er uns die Sünden vergibt und reinigt uns von aller Ungerechtigkeit.*** (1. Johannes 1,9)

Nein, es gibt keine automatische Vergebung der Sünden für alle Menschen. Wer das glaubt, lebt lebensgefährlich.

- Es ist eine herrliche Tatsache, dass Jesus Christus die Sünden aller Menschen auf sich genommen hat: *„Siehe, das ist Gottes Lamm, das der Welt Sünde trägt!“* (Johannes 1,29).
- Es ist eine befreiende Tatsache, dass Jesus Christus dafür sein Leben für alle Menschen eingesetzt hat. Jesus sagte: *„Das ist mein Blut des Bundes, das vergossen wird für viele zur Vergebung der Sünden.“* (Matthäus 26,28).
- Es ist eine ermutigende Tatsache, dass Jesus Christus allen Menschen das Angebot zur Vergebung macht. *„So sei euch nun kundgetan, liebe Brüder, dass euch durch ihn Vergebung der Sünden verkündigt wird“* (Apostelgeschichte 13,38).

Aber zu einer persönlichen Erfahrung wird Vergebung der Sünden erst, wenn Sie Ihre Sünden Jesus Christus bekennen. So steht es in unserer Verheißung: *„Wenn wir ihm aber unsere Sünden bekennen, so ist er treu und gerecht, dass er uns die Sünden vergibt …“* Das ist Gottes Superangebot zu einem wunderbaren Neuanfang – zu einer Generalbereinigung Ihrer gesamten Vergangenheit. Aber es ist auch Gottes befreiendes Angebot für jede Sekunde des neuen Lebens – denn auch als Christ werden Sie immer wieder schuldig: in Gedanken, in Gefühlen, in Worten und auch in Taten. Bitten Sie Jesus Christus dann sofort um Vergebung, und nehmen Sie sein Entsorgungsangebot vertrauensvoll und dankbar an.

7 Absolute Sicherheit

Denn ich bin gewiss, ***dass weder Tod noch Leben, weder Engel noch Mächte noch Gewalten, weder Gegenwärtiges noch Zukünftiges, weder Hohes noch Tiefes noch eine andere Kreatur uns scheiden kann von der Liebe Gottes, die in Christus Jesus ist, unserm Herrn.*** (Römer 8,38-39)

„Ich bin gewiss" – schreibt der Apostel Paulus. Das heißt doch: „Ich bin sicher! Ich weiß das!" Was war für ihn so unumstößlich sicher? Antwort: dass nichts von der Liebe Gottes trennen kann.

Von Zeit zu Zeit ruft mich ein junger Mann an, der genau da von Zweifeln und Ängsten geplagt wird. Er fragt: „Liebt mich Gott noch immer? Ich habe doch versagt." Oder: „Ich fühle Gottes Liebe nicht mehr. Hat mich Gott verlassen?" Immer wieder habe ich ihm die Verheißung zugesprochen: „Nichts kann uns von der Liebe scheiden." Ich erklärte ihm, dass der Apostel Paulus vieles aufzeigt, was uns von Gottes Liebe wegreißen will. Er spricht von der Macht des Todes, von negativen und unbegreiflichen Lebenserfahrungen, von dunklen, zerstörerischen Mächten, von Ereignissen, die uns heute quälen, und von Ängsten vor der Zukunft. Aber danach schreibt er diesen triumphierenden Satz: Nichts *„kann uns scheiden von der Liebe Gottes"*. Paulus verbindet das mit einem herausfordernden *„Ich bin gewiss"*. Es ist also kein „Ich hoffe" oder „Ich nehme an", sondern ein „Ich weiß"!

Aber beachten Sie dabei die Aussage, die hier beinahe wie eine Nebenbemerkung klingt und doch entscheidend wichtig ist: *„… die in Christus Jesus ist, unserm Herrn."* Diese Liebe ist nur durch Jesus Christus erfahrbar. Wenn Sie mit ihm leben, können und dürfen Sie unerschütterlich dieses *„Ich bin gewiss"* sprechen.

8 Wirklich frei

Da sprach nun Jesus zu den Juden, die an ihn glaubten: „Wenn ihr bleiben werdet an meinem Wort, so seid ihr wahrhaftig meine Jünger ***und werdet die Wahrheit erkennen, und die Wahrheit wird euch frei machen****.“* (Johannes 8,31-32)

„Die Wahrheit wird euch frei machen“ – hat Jesus Christus versprochen. Das ist ein geistliches Gesetz, und es gilt für alle negativen geistigen, seelischen und körperlichen Bindungen. Wer die Wahrheit erkennt, kann frei werden. Aber was ist die Voraussetzung, um die Wahrheit zu erkennen? Jesus Christus hat in dieser Verheißung die Antwort gegeben: *„Wenn ihr bleiben werdet an meinem Wort …“*

Das Wort Gottes, die Bibel, ist die Grundlage, um frei zu werden. Wer Gottes Wort in sich aufnimmt und es so zu einem Bestandteil seines Lebens macht, wird mehr und mehr die Wahrheit erkennen – und diese erkannte Wahrheit ist die Voraussetzung für Befreiung. Dabei geht es zuerst um die Wahrheit, die Jesus Christus selbst ist. Er sagte: *„Ich bin die Wahrheit“* (Johannes 14,6). Aber dann geht es auch um Wahrheiten, die Ihnen beim Lesen und Überdenken des Wortes Gottes aufgehen. Die personifizierte Wahrheit – Jesus Christus – in Verbindung mit den erkannten Wahrheiten des Wortes Gottes führen in die Freiheit. Die Wahrheiten öffnen Ihnen die Augen für Ihren Zustand. Sie erkennen Bindungen, die Ihnen bis dahin vielleicht noch nicht bewusst waren: Neid, Geltungssucht, Hass, Unversöhnlichkeit oder andere schuldhafte innere Haltungen. Die Wahrheit – Jesus Christus – ist die dynamische personale Kraft, die Sie befreit, wenn Sie ihm Ihre Bindungen bekennen und sich davon lösen. *„Denn es ging Kraft von ihm aus“*, berichtet die Bibel (Lukas 6,19) über Jesus Christus, und diese Kraft ist auch heute noch wirksam – Kraft, die frei macht – wirklich frei.

9 Alles im Griff

Befiehl dem Herrn deine Wege und hoffe auf ihn, ***er wird's wohlmachen***. (Psalm 37,5)

Mit dieser Verheißung machte ich in einer Krankheitsphase zwei ermutigende Erfahrungen. Es waren zwei Gebetsseminare geplant, die ich nicht mehr absagen konnte. Als ich an einem Freitagabend den ersten Seminarraum betrat, entdeckte ich zuerst ein Poster und las: *„Befiehl dem Herrn deine Wege und hoffe auf ihn, er wird's wohlmachen."* Es berührte mich in meiner Situation und gab mir Mut und Kraft für die Vorträge. Bei dem zweiten Seminar – eine Woche später – übernachtete ich bei einem Pastorenehepaar. Die Frau des Pastors hatte ihr persönliches Arbeitszimmer liebevoll in einen Schlafraum umgestaltet. Als ich mich umsah, fiel mir eine Pinnwand auf und dort stand hervorgehoben die gleiche Verheißung. Bewegt sagte ich immer wieder *„Er wird's wohlmachen"* und erlebte auch dort Gottes wunderbare Hilfe.

Wer aber kann sich nun mit Recht auf diese Verheißung berufen: *„… er wird's wohlmachen"*? Der, der die beiden Aussagen dieses Psalmwortes in Treue und Vertrauen praktiziert.

„Befiehl dem Herrn deine Wege." Sie müssen sich ganz der Führung Gottes anvertrauen und alles in seine Hände legen.

„… und hoffe auf ihn." Das ist eine Frage des Willens und der Übung. Ich jedenfalls möchte das täglich einüben, täglich praktizieren, es zu meinem Lebensstil machen. Ich will meine Hoffnung auf Gott setzen. Ich will ihn mit den Augen des Herzens anschauen und ihm vertrauen, dass er alles im Griff hat. Ich will an seiner unbegrenzten Liebe und Allmacht festhalten.

Je näher Sie in Ihrem Denken, Wollen und Fühlen Gott kommen, umso stärker wird dieses „Hoffen auf ihn" Ihr Leben prägen – und Sie werden existenztiell empfinden: *„Er wird's wohlmachen."*

10 Er wohnt bei Ihnen

Wer mich liebt, der wird mein Wort halten; ***und mein Vater wird ihn lieben, und wir werden zu ihm kommen und Wohnung bei ihm nehmen.*** (Johannes 14,23)

Vielleicht beten auch Sie gelegentlich vor dem Essen „Komm, Herr Jesus, sei du unser Gast“. Das ist gut gemeint, aber dennoch irreführend. Warum? Noch nie bin ich auf die Idee gekommen, zu meiner Frau beim Frühstück oder Mittagessen zu sagen: „Sei du mein Gast.“ Wir gehören zusammen und wir wohnen zusammen. Vor unserer Heirat war meine Frau gelegentlich mein Gast, aber nach unserer Eheschließung wäre der Gedanke, dass meine Frau bei mir „zu Gast“ ist, doch völlig absurd.

Jesus Christus verspricht: *„… wir werden … Wohnung bei ihm (=dem Vater) nehmen.“* Gott – der Vater und der Sohn – ist, wenn Sie sich aus Liebe an ihn gebunden haben, nicht bloß ein gern gesehener Gast. Der Vater und der Sohn sind dauerhaft bei Ihnen eingezogen. Sie wohnen durch den Heiligen Geist, der der Geist des Vaters und der Geist des Sohnes ist, bei Ihnen. Ihre Wohnung ist seine Wohnung.

Allerdings sollten Sie dabei die Worte ernst nehmen, die dieser wunderbaren Verheißung vorausgehen. Jesus sagte: *„Wer mich liebt, der wird mein Wort halten.“* Liebe ist das Schlüsselwort – Liebe zu Jesus Christus. Liebe ist Hingabe. Liebe ist völlige Bindung. Liebe ist ungeteiltes Vertrauen. Liebe ist Sensibilität. Liebe ist Hören und Tun. Wo diese Liebe zu Jesus Christus ist, dürfen Sie wissen, dass er, der Sohn Gottes und Gott der Vater, bei Ihnen wohnt. Ein unglaubliches Vorrecht. Es bedeutet: Wir sind nie mehr allein, nie mehr hilflos, nie mehr ungeborgen, nie mehr ungeliebt. Rufen Sie sich das heute und an jedem neuen Tag ins Gedächtnis: ER wohnt bei Ihnen.

11 Bitten und empfangen

... und was wir bitten, werden wir von ihm empfangen; *denn wir halten seine Gebote und tun, was vor ihm wohlgefällig ist.* (1. Johannes 3,22)

Diese ermutigende Gebetsverheißung ist an zwei Voraussetzungen geknüpft. Erstens: „*... wir halten seine Gebote.* Und zweitens: „*... und tun, was vor ihm wohlgefällig ist.*" Ein „*denn*" verbindet die Verheißung mit diesen beiden Voraussetzungen. Das bedeutet, dass das eine nicht ohne das andere möglich ist. Die Gebetsverheißung wird sich also nicht erfüllen, wenn die Voraussetzungen nicht erfüllt werden.

Gott erwartet von uns also zunächst, dass wir seine Gebote halten. Dabei geht es nicht um Vollkommenheit, sondern um eine Herzenseinstellung, um eine innere Bereitschaft, eben um Gehorsam. Vielleicht denken wir beim Begriff „Gehorsam" daran, dass wir die Gebote Gottes befolgen sollen, etwa die Zehn Gebote (2. Mose 20,1-17), zum Beispiel: „*Du sollst keine anderen Götter haben neben mir*", oder: „*Du sollst nicht stehlen*", oder: „*Du sollst nicht ehebrechen*". Die Zusammenfassung der Zehn Gebote ist das Liebesgebot: „*Du sollst den Herrn, deinen Gott, lieben von ganzem Herzen, von ganzer Seele, von allen Kräften und von ganzem Gemüt, und deinen Nächsten wie dich selbst*" (Lukas 10,27).

Und dann sollen wir tun, was Gott Freude macht. Das ist mehr als nur das Einhalten der Gebote. Hier geht es um Hingabe an Gott, um die Bereitschaft, aus Liebe für Gott da zu sein, um ein inneres Hören und Sensibelwerden für seinen Willen und für seine Wünsche. Immer wieder spreche ich am Ende meiner Gebetszeit: „Herr Jesus Christus, du kannst heute mit mir machen, was du willst. Ich bin für dich da." Wenn diese Grundhaltung Ihr Leben bestimmt, dann wird sich auch diese wunderbare Gebetsverheißung erfüllen: „*Was wir bitten, werden wir von ihm empfangen.*"

12 Heiligung – ganz praktisch

Wie ihr eure Glieder hingegeben hattet an den Dienst der Unreinheit und Ungerechtigkeit zu immer neuer Ungerechtigkeit, so gebt nun eure Glieder hin an den Dienst der Gerechtigkeit, ***dass sie heilig werden.*** (Römer 6,19)

Der Apostel Paulus erinnert die Christen in Rom daran, dass sie, bevor sie Jesus als Herrn und Erlöser angenommen hatten, unreine und gesetzlose Dinge getan haben. Unreinheit umfasst den Bereich der sexuellen Sünden. Gesetzlosigkeit ist jede Form des Umgangs mit Menschen, die den anderen erniedrigt, ausbeutet, verleumdet, verletzt oder belügt. Die Christen in Rom waren früher unter diese Dinge versklavt; jetzt sollen sie Jesus Christus zur Verfügung stehen, dass er sie zum Segen für Menschen gebrauchen kann. Wo das geschieht, werden sie heilig. Das ist praktische und sichtbare Heiligung.

Dazu ein Beispiel. Paulus schreibt an anderer Stelle: *„Wer gestohlen hat, der stehle nicht mehr, sondern arbeite und schaffe mit eigenen Händen das nötige Gut, damit er dem Bedürftigen abgeben kann“* (Epheser 4,28). Beachten Sie bitte, dass Gottes Wort nicht nur sagt, dass Christen nicht stehlen sollen. Es sagt auch nicht nur, dass Christen arbeiten sollen. Das allein würde uns nicht heilig machen. Gottes Wort sagt, dass wir arbeiten und unsere finanziellen Mittel mit denen teilen sollen, die in Not sind. Das heiligt uns. Echte innere Veränderung muss sichtbare und erfahrbare Auswirkungen haben. *„… so gebt nun eure Glieder hin an den Dienst der Gerechtigkeit, dass sie heilig werden.“* Heute ist ein Tag, wo das geschehen kann. Stellen Sie sich Gott so zur Verfügung.

13 Vollmacht

Seht, ich habe euch Macht gegeben, zu treten auf Schlangen und Skorpione, und Macht über alle Gewalt des Feindes; und nichts wird euch schaden. (Lukas 10,19)

„Meine Schwester beschäftigt sich mit okkulten Dingen. Sie legt für andere Karten und pendelt. Muss ich jeden Kontakt zu ihr abbrechen?“, fragte mich eine Frau und fügte hinzu: „Ich habe Angst, von den Wahrsagegeistern beeinflusst zu werden.“ Ich habe meine Bibel geöffnet und ihr die oben stehende Verheißung gezeigt und gelesen. Dabei betonte ich besonders die letzten Worte: *„Nichts wird euch schaden.“*

Die Bibel verharmlost die Macht des Teufels nicht. In ihr lesen wir: *„Seid nüchtern und wacht; denn euer Widersacher, der Teufel, geht umher wie ein brüllender Löwe und sucht, wen er verschlinge.“* (1. Petrus 5,8). Christen sollen sich von allen okkulten Praktiken, von Esoterik und Magie fern halten, das muss klar sein. Aber sie brauchen keine Angst vor Satan und seinen Dämonen und Geistern zu haben.

Begeistert kamen die Jünger von einem Missionseinsatz zurück und berichteten: *„Herr, auch die bösen Geister sind uns untertan in deinem Namen!“* Und Jesus antwortete ihnen mit dieser Verheißung: *„Ich habe euch Macht … gegeben.“* Aber dann sagte er etwas, das wir in diesem Zusammenhang deutlich hören müssen: *„Doch darüber freut euch nicht, dass euch die Geister untertan sind. Freut euch aber, dass eure Namen im Himmel geschrieben sind.“* (Lukas 10,20). Mit dieser Korrektur lenkte Jesus Christus ihren Blick weg von der ihnen anvertrauten Vollmacht hin zu dem größten Geschenk – dem ewigen Leben bei ihm. Vollmacht ist ein wichtiges Geschenk, aber die Ewigkeit bei Gott geht noch weit darüber hinaus.

14 Unangenehm – aber notwendig

Ich bin der wahre Weinstock und mein Vater der Weingärtner. Eine jede Rebe an mir, die keine Frucht bringt, wird er wegnehmen; und eine jede, die Frucht bringt, wird er reinigen, ***dass sie mehr Frucht bringe.*** (Johannes 15,1-2)

Während einer Vortragswoche in Meran wohnte ich mit unseren Kindern in der Nähe eines Weinbergs. Einmal beobachteten wir einen Weingärtner, der mit einer Rebschere durch den Weinberg ging und immer wieder wunderbar grüne Triebe abschnitt. Es sah beinahe wie eine Verstümmelung aus, und eine meiner Töchter fragte: „Papi, warum macht der das?" Ich erklärte ihr, dass der Weingärtner einen geübten Blick für die Triebe an einer Rebe hat. Er kann die Triebe, die Frucht bringen werden, von denen unterscheiden, die keine Fruchtansätze haben. Die Letzteren werden von ihm abgeschnitten, weil sie der Rebe nur die Nährstoffe wegnehmen. Jesus Christus macht drei entscheidende Aussagen in dieser Verheißung. Zunächst nennt er sich den „Weinstock". Zweitens spricht er davon, dass alle, die sich für ein Leben mit ihm entschieden haben, Reben an ihm sind. Und drittens erklärt er, dass Gott, der Vater, der Weingärtner ist. Gott hat einen geübten Blick für die Reben, für die Nachfolger Jesu, die Frucht bringen. Er kennt die, die Sehnsucht haben, Menschen für Jesus zu gewinnen, und die Kraft, Zeit und Geld investieren, um den Missionsauftrag zu erfüllen. Und diese Reben beschneidet er. Er will das wegnehmen, das keine Frucht bringt und das Zeit, Kraft und Fantasie raubt. Das können Hobbys oder andere „weltliche" Dinge sein, aber zum Beispiel auch Tätigkeiten in einer christlichen Gemeinde, die nur den Gemeindebetrieb in Gang halten, aber für die Ewigkeit völlig wertlos sind.

Weil wir jedoch keine willenlosen Reben sind, die ein Weingärtner ungefragt beschneiden kann, ist es wichtig, dass wir diesen Beschneidungsprozess zulassen. Sind Sie dazu bereit?

15 Innerer Friede

Nehmt auf euch mein Joch und lernt von mir; denn ich bin sanftmütig und von Herzen demütig; ***so werdet ihr Ruhe finden für eure Seelen.*** (Matthäus 11,29)

Jesus Christus drückt Ihnen mit diesem Satz eine Gebrauchsanweisung für bleibende Ruhe, seelische Ausgeglichenheit und innere Harmonie in die Hände. In ihr steht: *„Nehmt auf euch mein Joch."* Dabei geht es um das Annehmen der Lebensumstände, in denen Sie sich befinden, um ein mutiges „Nein" zu Rebellion und Auflehnung *gegen* diese Umstände.

Das Bild vom „Joch" macht das deutlich. Heute kennen wir Bilder, wie ein Ochse mittels eines Jochs einen Pflug zieht, nur noch aus den ärmeren Ländern. Das Joch ist für den Ochsen eine Hilfe. Würde ein Ochse ständig versuchen, das Joch abzustreifen, dann würde er sich wund reiben und sich selbst damit schaden. Das wird hier von Jesus auf den Menschen übertragen. Wer sich gegen unabänderliche Lebensführungen auflehnt, wer gegen Aufgaben, die ihm gestellt sind, rebelliert, reibt sich seelisch wund.

Beachten Sie bei diesem Bild vom Joch unbedingt, dass Jesus gesagt hat: *„Nehmt auf euch* mein *Joch."* Es ist das Joch, das Jesus Christus für Sie persönlich geformt hat. Es ist für Sie zugeschnitten, es passt genau für Sie und ist darum für Sie eine entscheidende Lebenshilfe zum inneren Frieden. Ist Ihnen bei den Begriffen „auflehnen" und „rebellieren" ein bestimmter Lebensumstand oder eine Person eingefallen, etwas oder jemand, das oder der Sie verbittert, gegen das oder gegen den Sie sich auflehnen? Dann sollten Sie jetzt demütig und mutig Jesus Christus sagen: „Ich nehme dieses Joch aus deinen Händen an." Das ist der entscheidende Schritt zum inneren Frieden.

16 Von Jesus lernen

Nehmt auf euch mein Joch und lernt von mir; denn ich bin sanftmütig und von Herzen demütig; ***so werdet ihr Ruhe finden für eure Seelen.*** (Matthäus 11,29)

Noch eine weitere Anleitung zum inneren Frieden nennt Jesus seinen Jüngern und damit auch allen, die ihm heute nachfolgen. Er sagt: *„Nehmt auf euch mein Joch und lernt von mir; denn ich bin sanftmütig und von Herzen demütig; so werdet ihr Ruhe finden für eure Seelen."*

Eine Frau sagte mir: „Wenn ich früher die Begriffe ‚sanftmütig' und ‚demütig' gehört habe, haben sich mir die Nackenhaare gesträubt." In einem Gespräch wurde deutlich, dass sie diese Begriffe mit einer völlig falschen Vorstellung verbunden hat. Sie dachte, dass sie alles über sich ergehen lassen müsse, dass sie keine eigene Meinung haben dürfe, dass sie sozusagen zum Fußabstreifer für alle werden müsse. Wer aber auch nur kurz darüber nachdenkt, wie Jesus Christus gelebt hat, wie er seine Umgebung geprägt hat, wie er der heuchlerischen Frömmigkeit seiner Zeit die Stirn geboten hat, wie er als geistliche Führungspersönlichkeit seine Jünger beeindruckt hat, der kann aus den Begriffen „sanftmütig" und „demütig" eine solche Vorstellung, wie sie jene Frau hatte, gewiss nicht ableiten.

Jesus sagt: *„Lernt von mir; denn ich bin sanftmütig und von Herzen demütig."* Was wir bei Jesus sehen und was wir dann von ihm lernen sollen, ist sein von Klarheit und Liebe geprägter Umgang mit Menschen. Er trat nicht selbstherrlich und angeberisch auf. Sein Leben war ein Leben zur Ehre Gottes und zum Heil für Menschen. Wenn wir von Jesus Christus diese Hingabe, diese Klarheit, Schlichtheit und Einfachheit lernen, dann werden unsere Seelen bei ihm zur Ruhe kommen.

17 Wer beherrscht wen?

Denn wenn wegen der Sünde des Einen der Tod geherrscht hat durch den Einen (= Adam), um wie viel mehr werden die, welche die Fülle der Gnade und der Gabe der Gerechtigkeit empfangen, ***herrschen im Leben*** *durch den Einen, Jesus Christus.* (Römer 5,17)

Normalerweise wird der Mensch von der Sünde beherrscht, von Leidenschaften, von negativen Gefühlen wie Hass, Bitterkeit und Unversöhnlichkeit. Er wird beherrscht von Ängsten und Minderwertigkeitskomplexen, er wird beherrscht von der Gier nach Geld und Besitz. Bereits auf den ersten Seiten der Bibel lesen wir: „*Bist du aber nicht fromm, so lauert die Sünde vor der Tür, und nach dir hat sie Verlangen; du aber herrsche über sie*“ (1. Mose 4,7).

Wenn Sie sich Jesus Christus anvertraut haben, dann erhalten Sie von ihm die Fähigkeit, über alle negativen Eigenschaften zu herrschen. Diese lauern auch vor der Tür Ihres Lebens, um in Sie einzudringen. Mit Gottes Gnade können Sie sie abweisen. Machen Sie von dieser Gnade – von diesem Geschenk – Gebrauch, wenn irgendetwas Negatives in Sie eindringen will. Weisen Sie allen Eigenschaften und Veranlagungen die Tür, die der Liebe Gottes entgegenstehen. Christen sollen und können von der Liebe beherrscht werden, denn in der Bibel lesen wir: „*... die Liebe Gottes ist ausgegossen in unsre Herzen durch den Heiligen Geist, der uns gegeben ist.*“ (Römer 5,5). Das ist die Vollmacht der Liebe, durch die wir zum Herrschen berufen sind.

18 Friede in Aktion

*Wenn ihr in ein Haus geht, so grüßt es; und wenn es das Haus wert ist, **wird euer Friede auf sie kommen.*** (Matthäus 10,12)

Wer sein Leben für Jesus Christus geöffnet hat, der wurde von ihm beschenkt – zum Beispiel mit seinem Frieden.

Die, die zu Jesus gehören, besitzen eine geheimnisvolle Kraft. Sie können ein Haus mit Gottes Frieden erfüllen. Sie können Menschen mit Gottes Kraft für ein neues Leben beschenken. Viel zu oft vergessen wir das. Wir nehmen Situationen als unabänderlich hin. Wir lassen uns vom Negativen beeinflussen, anstatt die Atmosphäre (in einem Haus, in einer Beziehung, in einer Gemeinde, am Arbeitsplatz) mit Hoffnung, mit Freude, mit Gottes Kraft zu erfüllen. Jesus Christus gibt in seiner Verheißung eine Anleitung, wie das geschehen kann. Er sagt: „*Wenn ihr in ein Haus geht, so grüßt es.*" Das heißt: Ruft Gottes Frieden über dieses Haus aus. Rechnet unerschütterlich damit, dass dieser Friede von euch ausgeht und dann auch die Atmosphäre durchdringt und prägt. Das ist Friede in Aktion: eine wunderbare Möglichkeit, das wohltuende Flair der Gegenwart Gottes zu verbreiten. Dazu sind wir auch heute berufen.

19 Fürsorgezufälle

Trachtet zuerst nach dem Reich Gottes und nach seiner Gerechtigkeit, ***so wird euch das alles zufallen.*** (Matthäus 6,33)

Das sind die „Zufälle“, mit denen Kinder Gottes rechnen dürfen – nicht Glückszufälle, sondern Fürsorgezufälle Gottes. Diese Verheißung steht in der so genannten Bergpredigt. Einen wesentlichen Teil dieser Predigt hat Jesus den Belangen des Alltags gewidmet. Es sind die Dinge, die die meisten Menschen in unseren Breiten als selbstverständlich nehmen – zum Beispiel: Essen, Trinken, Wohnung und Kleidung.

Manche von Ihnen können sich noch an die Zeit erinnern, in der das nicht selbstverständlich war. Als mein Vater kurz nach dem Zweiten Weltkrieg aus der russischen Kriegsgefangenschaft nach Hause kam (aus einem Hungerlager mit hoher Sterblichkeitsrate), hat er einen Aluminiumlöffel mitgebracht, den er in der Gefangenschaft benutzt hatte. Er erklärte: „Mit diesem Löffel werde ich jetzt immer essen, damit ich die Zeit des Hungerns nicht vergesse und dankbar bin für jeden Löffel Suppe und jedes Stück Brot.“

„So wird euch das alles zufallen“, hat Jesus versprochen. Diese Verheißung beginnt mit den Worten *„Trachtet zuerst nach dem Reich Gottes und nach seiner Gerechtigkeit.“* Das ist die Voraussetzung für Gottes Fürsorge. Wenn wir seine Sache zur Chefsache unseres Lebens machen, dann wird er unsere Sache zu seiner Chefsache machen. Das Motto lautet: Sie für Jesus und Jesus für Sie. Dabei sollten wir uns immer wieder bewusst sein, dass es ein großes Vorrecht ist, für Gott und für das Reich Gottes leben zu dürfen. Sie dürfen die Gaben, die Gott Ihnen gegeben hat, zu seiner Ehre und zum Heil für Menschen einsetzen.

20 Gottes Leuchttürme

Glaubt an das Licht, solange ihr's habt, ***damit ihr Kinder des Lichtes werdet.*** (Johannes 12,36)

„Kinder des Lichtes" sollen wir werden, Leuchttürme in einer dunklen Welt. Wir sind das nicht automatisch und wir werden es auch nicht dadurch, dass wir uns bemühen, freundlich, höflich, liebevoll und zuvorkommend zu sein.

Jesus Christus sagt unmissverständlich, wie wir dahin kommen können, Kinder des Lichts zu sein. Er sagt: *„Glaubt an das Licht …"* Und an einer anderen Stelle sagt er: *„Ich bin das Licht der Welt"* (Johannes 8,12). Glauben kann man mit einem Stromanschluss vergleichen. Wenn jemand sich an Jesus Christus – das Licht der Welt – anschließt, so wie eine Leuchte mittels eines Steckers an den Stromkreis angeschlossen ist, dann wird er ein *„Kind des Lichts"*. Er wird ein Mensch, der seine Umgebung erleuchtet, der Klarheit schafft, der Durchblick schenkt.

In der Bibel lesen wir: *„Denn siehe, Finsternis bedeckt das Erdreich und Dunkel die Völker"* (Jesaja 60,2). Das ist eine unübertroffene Charakterisierung der Welt, unseres Landes und auch Ihrer Umgebung. Der Apostel Paulus schrieb an die Christen in Kleinasien: *„Denn ihr wart früher Finsternis; nun aber seid ihr Licht in dem Herrn"* (Epheser 5,8). Das konnte geschehen, weil sie sich zu Jesus Christus bekehrt und an ihn angeschlossen hatten.

„Kinder des Lichts" braucht die Welt mehr als alles andere. Darum ruft der Apostel Paulus die Christen dazu auf: *„Lebt als Kinder des Lichts"* (Epheser 5,8). Verbergt das Licht nicht, verdunkelt das Licht nicht durch Sünde, Ungehorsam und Egoismus. Eine wunderbare Verheißung: Wenn Sie mit Jesus Christus leben, dann werden Sie heute auch in Ihrer Umgebung ein „Leuchtturm Gottes" sein.

21 Herrliche Ernte

Wer auf sein Fleisch sät, der wird von dem Fleisch das Verderben ernten; wer aber auf den Geist sät, ***der wird von dem Geist das ewige Leben ernten***. (Galater 6,8)

Um eine geistliche Wahrheit zu verdeutlichen, benutzt der Apostel Paulus ein Bild aus der Landwirtschaft: Saat und Ernte. Beachten Sie dabei, dass hier nicht davon die Rede ist, *was* gesät wird, sondern *worauf* gesät wird. Man kann auf guten und vorbereiteten Boden säen und man kann auf mit Schadstoffen belasteten Boden säen. Die eine Frucht ist gut, die andere ungenießbar.

Dieses Beispiel wird nun ins Leben übertragen. Auch hier geht es um Saat und Ernte und auch hier gibt es eine zweifache Möglichkeit zu säen. Der Mensch kann *„auf sein Fleisch säen"*, oder er kann *„auf den Heiligen Geist säen"*. Das Fleisch, das Menschliche – zum Beispiel Geltungsbedürfnis, Egoismus, Selbstbewusstsein, Rechthaberei, Unversöhnlichkeit, Karrieredenken – ist vergifteter Boden, und dementsprechend wird auch die Frucht dieses Lebens sein. Sie ist ungenießbar, sie macht seelisch krank, und am Ende reißt sie den Menschen in die Hölle. Das andere, der Heilige Geist, ist heiliger Boden und heiliger Boden bringt heilige Frucht. In der Bibel lesen wir von der *Frucht des Geistes: „Liebe, Freude, Friede, Geduld, Freundlichkeit, Güte, Treue, Sanftmut, Keuschheit"* (Galater 5,22-23).

Wenn Sie mit Jesus Christus leben, wohnt in Ihnen Gottes Heiliger Geist. Auf ihn können Sie jetzt „säen", mit ihm können Sie rechnen, ihm können Sie vertrauen. Die wunderbare Ernte ist ein Segen bringendes Leben jetzt und eine unvergleichliche Gemeinschaft mit Jesus Christus in der Ewigkeit. Es sollte Ihnen nicht schwer fallen, die richtige Wahl für heute und für die Zukunft zu treffen.

22 Quellen in der Wüste

Wohl den Menschen, die dich für ihre Stärke halten und von Herzen dir nachwandeln! Wenn sie durchs dürre Tal ziehen, ***wird es ihnen zum Quellgrund****.* (Psalm 84,6-7)

Das „dürre Tal" war ein unfruchtbares Wüstental. Es weist auf die Dürrestrecken des Lebens hin. Kennen Sie auch solche dürren Täler? Eine heimtückische Krankheit, die vieles lahm legt und Zukunftspläne vernichtet. Eine unerwartete Kündigung, die aufs Abstellgleis führt und alles hoffnungslos erscheinen lässt. Die Abberufung eines geliebten Menschen – Trauer, Verzweiflung, Angst. Das *„dürre Tal"* hat viele dunkle Nuancen.

Und nun wird etwas Erstaunliches verheißen, etwas, an das von sich aus wohl keiner denken würde. Sehen Sie sich zuerst das trostlose Bild an, das hier gezeichnet wird: vertrocknete Wiesen, verdorrte Bäume, rissiger Boden. Doch unerwartet ist von erfrischenden Quellen die Rede. Diese können angezapft werden. Wenn Sie diese Quellen entdecken und nutzen, werden blühende Oasen entstehen.

Durststrecken des Lebens können so zu Quellen neuer Gottesoffenbarungen, zu belebenden Glaubenserfahrungen werden. Aber es wird nur dann geschehen, wenn Sie Gott für Ihre Stärke halten. Wenn Sie sich nicht auf ihre Fähigkeiten, auf ihren Besitz und Ihre Beziehungen verlassen. Wenn Gott Ihre Kraft, Ihre Hoffnung, Ihre Hilfe ist.

Wenn Sie von Herzen mit Gott unterwegs sind, wird dies auch geschehen. Das Herz spielt bei allem die Hauptrolle – und damit die Liebe. Nicht religiöse Motivation, nicht kühle Berechnung, nicht ängstliche Pflichterfüllung. Liebe muss die Antriebskraft Ihrer Gottesbeziehung sein. Wenn Sie so mit Gott leben, dann erleben Sie, wie Dürrestrecken des Lebens zu blühenden Landschaften werden.

23 Gebetserhörung!?

Nicht ihr habt mich erwählt, sondern ich habe euch erwählt und bestimmt, dass ihr hingeht und Frucht bringt und eure Frucht bleibt, ***damit, wenn ihr den Vater bittet in meinem Namen, er's euch gebe.*** (Johannes 15,16)

Gott wird Ihre Gebete erhören, wenn Sie Frucht bringen – das hat Jesus versprochen. Frucht zu bringen ist Ihre Bestimmung. Dazu hat Jesus Christus Sie erwählt. Wenn die Bibel von Frucht spricht, dann ist das etwas, was die Zeit überdauert. Mit Frucht sind ewige Werte gemeint.

Was aber ist ewig? Was überdauert die Zeit? Was ist für den Himmel wertvoll? Zunächst einmal ist das ein Leben, in dem die Frucht des Heiligen Geistes sich entfalten konnte. In der Bibel lesen wir, was die Frucht des Heiligen Geistes ist: *„Die Frucht aber des Geistes ist Liebe, Freude, Friede, Geduld, Freundlichkeit, Güte, Treue, Sanftmut, Keuschheit"* (Galater 5,22-23). Es sind die Kennzeichen für ein Leben mit anziehender Ausstrahlung. Alle diese Eigenschaften haben etwas mit Beziehungen zu tun, mit unserem Verhalten Menschen gegenüber. Prüfen Sie bitte Ihre Beziehungen in Ihrer Familie, in Ihrer Nachbarschaft und in Ihrem Arbeitsumfeld. Sind Sie bekannt als ein Mensch, der liebevoll ist und gütig und geduldig mit anderen umgeht?

Der zweite Aspekt der Frucht ist, dass Sie Menschen für Jesus gewinnen, denn wer andere für Jesus gewinnt, gewinnt Menschen für die Ewigkeit. Jesus hat gesagt: *„Ich habe euch bestimmt, dass ihr hingeht und Frucht bringt."* Der Begriff „Hingehen" hat in der Bibel eine missionarische Dimension. Jesus Christus sagte: *„Darum gehet hin und machet zu Jüngern alle Völker"* (Matthäus 28,19). Sind Sie bereit, heute als „Botschafter für Jesus" zu leben? Sind Sie bereit, heute Gottes Liebe weiterzugeben? Das sind Voraussetzungen für Gebetserhörungen.

24 Die Spitzen-Verheißung

Das ist die Verheißung, die der Vater und der Sohn uns verheißen hat: ***das ewige Leben****.* (1. Johannes 2,25)

Als ich am Sterbebett meiner Frau saß und ihre Hand hielt, wurde mir wie noch nie in meinem Leben bewusst, wie klein und unbedeutend, ja geradezu unwichtig alles ist, was wir im Leben so wichtig nehmen: Besitz, Hobbys, Anerkennung, Urlaub, Vergnügen ... Im Angesicht der Ewigkeit ist das alles völlig wertlos. Ich habe noch nie gehört, dass jemand auf dem Sterbebett seinen Kontoauszug sehen wollte. Ich habe noch nie gehört, dass jemand in der Sterbestunde von seinen Urlaubserlebnissen schwärmte. Ich habe noch nie gehört, dass einer im Sterben von Karriere sprach. An diesem Ereignishorizont zählt nur eines: ewiges Leben!

Weil das so entscheidend ist, beginnt die Verheißung auf ein ewiges Leben mit den Worten: *„Das ist die Verheißung."* Es ist also nicht irgendeine Verheißung, es ist *die* Verheißung. Es ist sozusagen die Verheißung aller Verheißungen, die Spitzen-Verheißung, die Super-Verheißung. Es ist die Verheißung, die alle anderen Verheißungen der Bibel einschließt – denn ewiges Leben ist nicht nur Leben nach dem Sterben, es ist nicht nur ein unendliches Weiterleben im Himmel, es ist Leben aus Gott, das hier schon beginnt und darum auch ewig ist. Es ist Gottes Leben im menschlichen Leben. Es ist Gottes unendliches Leben im menschlich-vergänglichen Leben. Es ist Leben von höchster Qualität, weil es Gottes Leben ist. Und dieses Leben beginnt in dem Augenblick, wo ein Mensch sich zu Jesus Christus bekehrt und dadurch aus Gott geboren wird (Johannes 1,13). Haben Sie es schon?

25 Er hält Sie fest

Gelobt sei Gott, der Vater unseres Herrn Jesus Christus, der uns nach seiner großen Barmherzigkeit wiedergeboren hat zu einer lebendigen Hoffnung … die ihr aus Gottes Macht ***durch den Glauben bewahrt werdet zur Seligkeit****.* (1. Petrus 1,3.5)

„Die ihr aus Gottes Macht durch den Glauben bewahrt werdet zur Seligkeit“ – schreibt der Apostel Petrus. Das heißt doch, dass Gott seine ganze Macht, seine Allmacht also, einsetzt, damit wir das Ziel erreichen: das ewige Leben in Gottes neuer Welt. Gott setzt seine ganze Macht ein, dass wir nicht auf der Strecke bleiben. Gott setzt seine ganze Macht ein, dass wir nicht eine Beute des Teufels werden. Gott setzt seine ganze Macht ein, dass wir nicht untergehen, wenn Wogen des Leids uns in die Tiefe reißen wollen. Gott setzt seine ganze Macht ein, wenn Menschen versuchen, Zweifel und Misstrauen gegenüber Gott in unser Herz zu säen. Gott *kann* uns bewahren und Gott *will* uns bewahren. „Sein ist die Macht“ lesen wir am Ende des Vaterunsers. Und seine Macht ist die Macht der Liebe, Liebe, die trägt, die uns umgibt und bewahrt.

Wenn Sie Jesus Christus gehören, dann dürfen Sie mit dieser Gewissheit leben: Ich komme in den Himmel. Ich werde von Ewigkeit zu Ewigkeit bei Gott sein. Dabei sollten Sie jedoch nicht vergessen, dass diese Verheißung noch einen wichtigen Zusatz enthält. *„… durch den Glauben“* – lesen wir. Vertrauen wird von Ihnen erwartet, Vertrauen, das Sie mit Jesus Christus verbindet. Sie sind kein willenloses Objekt, das Gott einfach ergreift und dann nie mehr loslässt. Er achtet Sie als Persönlichkeit, die Mitverantwortung trägt. Gottes Macht wird wirksam, wenn Sie vertrauen, vertrauen wie ein Kind – vertrauen ohne Anstrengung.

26 Das letzte Intervall

Denn es wird geschehen, ***dass der Menschensohn kommt in der Herrlichkeit seines Vaters mit seinen Engeln.*** (Matthäus 16,27)

Seltsam – bei dem Thema der Wiederkunft von Jesus Christus denke ich immer an die große Bahnhofsuhr. Es war für uns Kinder ungeheuer aufregend, wenn Vater oder Mutter in der Nachkriegszeit zu einem uns gut bekannten Großbauern fuhren, um Nahrungsmittel zu besorgen. Am Rückreisetag standen wir Kinder im Bahnhof und warteten auf die Ankunft des Zuges. Dabei schaute ich immer wieder sehnsüchtig auf die Bahnhofsuhr. Der große Zeiger sprang von Minute zu Minute. Endlich kam das letzte Intervall vor Ankunft des Zuges. Diese Minute dauerte einfach zu lang – aber schließlich war es dann doch so weit.

Leben wir in diesem letzten Intervall vor der Wiederkunft von Jesus Christus? Keiner weiß, wann das sein wird, aber er ist im Plan Gottes festgelegt. Es wird *das* weltumspannende Ereignis der Geschichte sein. Noch einmal wird Gottes Sohn sichtbar diesen Planeten betreten. Vor zweitausend Jahren kam er als Baby. Der Schöpfer wurde Geschöpf. Damals startete Gott die gewaltigste Rettungsaktion das Universums – das „Unternehmen Bethlehem und Golgatha". Es begann in einer Futterkrippe und endete an einem Kreuz. Das nächste entscheidende Ereignis dieses „Unternehmens" wird die Wiederkunft von Jesus Christus sein. Diesmal wird er nicht in der Niedrigkeit als schutzloses Baby kommen, sondern *„in der Herrlichkeit seines Vaters mit seinen Engeln"*. Das wird die gewaltigste Vollendungsaktion unseres Planeten einleiten. Kalkulieren Sie das in Ihren Lebensplan ein? Warten Sie darauf? Einer meiner jungen Freunde schrieb mir, dass er manchmal morgens am Fenster steht und betet: „Herr Jesus Christus, vielleicht kommst du heute."

27 Perspektiven für die Zukunft

… denn auch die Schöpfung wird frei werden von der Knechtschaft der Vergänglichkeit zu der herrlichen Freiheit der Kinder Gottes. (Römer 8,21)

Das ist ein atemberaubender Ausblick in die Zukunft. Gott hat in seiner Liebe nicht nur an die Menschen gedacht, als er seinen Sohn als Befreier auf unseren Planeten des Todes sandte. Gott hatte die ganze Schöpfung im Blick – auch die Tiere und Pflanzen. Alles ist durch den Sündenfall des Menschen hineingerissen worden in Vergänglichkeit und Tod. Alles soll auch durch die Erlösung durch Jesus davon frei werden. Das verspricht Gott in seinem Wort. Noch hat der Tod das Sagen. Aber es kommt der Tag, an dem die Liebe und das Leben siegen werden. *„Siehe, ich mache alles neu“* (Offenbarung 21,5) – spricht Gott der Herr. Vergänglichkeit und Tod werden einmal Schnee von gestern sein, *„denn auch die Schöpfung wird frei werden von der Knechtschaft der Vergänglichkeit zu der herrlichen Freiheit der Kinder Gottes.“*

Kinder Gottes, Menschen, die sich Jesus anvertraut haben, sind die Ersten, die diese „herrliche Freiheit“ erleben. Sie sind sozusagen der Modellfall für die ganze Schöpfung. Aber Kinder Gottes sind erst der Anfang. Gottes Plan umfasst alle und alles. Alles, was er geschaffen hat, soll in ewiger Harmonie und Freiheit leben. Gott ist Leben – und er wird darum dieses Leben der gesamten Schöpfung vermitteln. Das ist kein Traumparadies, keine Einbildung einer blühenden Fantasie, kein Märchen aus „Tausendundeiner Nacht“. Diese Perspektive für die Zukunft hat Fundament, denn hinter allen Verheißungen Gottes steht die Autorität des Himmels und das uneingeschränkte Ja des Schöpfers und Erlösers – Jesus Christus!

28 Garantiescheine

Himmel und Erde werden vergehen; ***aber meine Worte werden nicht vergehen.*** (Matthäus 24,35)

Öffnen Sie die Bibel und lesen Sie einmal das, was Jesus Christus gesagt hat, auf dem Hintergrund dieser Verheißung. Machen Sie nach jeder Aussage eine Pause und hören Sie seine Stimme: „… *aber meine Worte werden nicht vergehen.*“ Oder noch konkreter: *„Diese Worte* (die Sie gerade lesen) *werden nicht vergehen.*“ Um diese unvergleichliche Aussage noch zu überhöhen, hat sie Jesus mit den Worten: *„Himmel und Erde werden vergehen“* eingeleitet. Stellen Sie sich das Universum vor, die möglicherweise seit Milliarden von Jahren sich in den Tiefen des Alls bewegenden Galaxien, die wir in dem Begriff *„Himmel“* zusammenfassen. Wenn Jesus nur gesagt hätte: „Die Erde wird vergehen.“ – dann wäre das ja noch denkbar, aber er sagte *„Himmel und Erde werden vergehen“*. Und danach gab er die Verheißung, dass allein seine Worte unvergänglich sind. Das ist unfassbar. Können Sie sich die erstaunten, vielleicht auch entsetzten Gesichter der Männer und Frauen vorstellen, die das hörten?

Wer diese Verheißung aus dem Mund des Sohnes Gottes wirklich ernst nimmt, für den bekommt alles, was Jesus Christus gesagt hat, ein ganz neues Gewicht. Er weiß, worauf er sich wirklich verlassen kann. Er kennt die wahren Garantiescheine des Lebens. Er wird immer wieder mit neuer Erwartung und mit großer Zuversicht nach dem Buch der Bücher greifen und für den unermesslichen Wert des Wortes Gottes danken. Lassen Sie sich auch heute überraschen und beschenken von den Worten des Herrn Jesus Christus und danken Sie ihm, dass er das, was er gesagt hat, in Ihrem Leben und im gesamten Universum verwirklichen wird.

29 Grundnahrung

Jesus aber sprach zu ihnen: „Ich bin das Brot des Lebens. Wer zu mir kommt, ***den wird nicht hungern****; und wer an mich glaubt,* ***den wird nimmermehr dürsten.****"* (Johannes 6,35)

Das ist eine der berühmt-berüchtigten „Ich-bin-Aussagen" von Jesus Christus. Damit stellte er sich damals seinen Zuhörern vor und damit sagt er uns heute noch, wer er ist. *„Brot des Lebens"* nennt er sich. Einen Tag zuvor hatte er mehrere Tausend Menschen mit nur fünf Broten und zwei Fischen gespeist. Eine Sensation! Eine riesige Menschenmenge schob sich auch an diesem Tag zu ihm. Keiner von ihnen hatte Proviant dabei. Wozu auch? Es war für sie klar, dass er heute wieder für sie sorgen würde. Aber Jesus korrigiert sie, indem er erklärt, dass er das Brot des Lebens ist. Er bietet ihnen sich selbst als Nahrungsmittel an. Ihn sollten sie essen – so hat er das später ausgedrückt. Natürlich ist das nicht wörtlich zu verstehen. Es ist ein Bild, ein Gleichnis dafür, dass er in ihr Leben kommen wollte – wie eben Brot in uns kommen muss, damit der Hunger gestillt wird.

Wie gut, dass Jesus nicht gesagt hat: „Ich bin die Sahnetorte für eine religiöse Feierstunde." Für viele ist Jesus tatsächlich nicht mehr als das: Taufe, Konfirmation oder Kommunion, die kirchliche Trauung, ein Festgottesdienst am Heiligen Abend. Aber genau das ist Jesus nicht. Er ist die Grundnahrung des Lebens. Wer ihn nicht in sein Leben aufnimmt, der wird immer hungern und schließlich verhungern. Wer ihn nicht zum Mittelpunkt hat, der wird immer Durst haben und schließlich verdursten. In der Bibel steht der herausfordernde und eindeutige Satz: *„Wer den Sohn hat, der hat das Leben; wer den Sohn Gottes nicht hat, der hat das Leben nicht."* (1. Johannes 5,12). „Haben" Sie ihn?

30 Gottes O.K.

Dem aber, der nicht mit Werken umgeht, glaubt aber an den, der die Gottlosen gerecht macht, ***dem wird sein Glaube gerechnet zur Gerechtigkeit****.* (Römer 4,5)

Eine herrliche Zusage: „*... dem wird sein Glaube gerechnet zur Gerechtigkeit*". Wem wird sein Glaube zur Gerechtigkeit gerechnet? Wen empfängt Gott mit offenen Armen? Wer hört aus dem Mund des Ewigen die Worte: „Du bist so, wie ich dich haben will!"? Wer wird als Kind Gottes anerkannt? In der Bibel finden Sie die Antwort:

- wer sich nicht auf seine Hilfsbereitschaft beruft, sondern auf Jesus Christus.
- wer nicht auf seine Liebenswürdigkeit vertraut, sondern auf Jesus Christus.
- wer sich nicht auf religiöse Leistungen verlässt, sondern auf Jesus Christus.

Damit werden diese Eigenschaften nicht disqualifiziert. Sie werden nicht als unwichtig oder nebensächlich abgetan. Nein, das zu glauben wäre ein verhängnisvoller Irrtum. Aber wenn es um das Gerechtsein vor Gott geht, wenn es um den Himmel geht, um das ewige Leben, dann sind diese Eigenschaften und Werke völlig ungenügend. Nur eins wird von der Jury des Himmels anerkannt: unser Glaube an Jesus Christus. Und beachten Sie bitte: Glaube heißt, ein Eigentum von Jesus Christus zu sein, an ihn mit Leib und Leben gebunden zu sein, mit ihm und für ihn zu leben. Wenn Sie sich so Jesus Christus völlig anvertraut und zur Verfügung gestellt haben, dann wird Gott Sie gerecht sprechen. Das ist schon jetzt die weit geöffnete Tür zur Gemeinschaft mit Gott, dem Vater, und mit Jesus Christus, dem Sohn – und es ist das göttliche „Willkommen" am Tor zur Ewigkeit. Kann es eine bessere Nachricht für heute und morgen geben?

31 Im Mittelpunkt stehen

Wenn jemand will der Erste sein, *der soll der Letzte sein von allen und aller Diener.* (Markus 9,35)

Es war äußerst peinlich, als Jesus Christus seine Jünger nach einer Wanderung fragte: „Ihr hattet eine angeregte Unterhaltung. Um was ging es dabei?“ Schweigen. Errötende Gesichter. Verlegenheit. Diesmal ergriff selbst Petrus nicht das Wort. Sie wussten genau, dass ihr Gesprächsthema völlig daneben war. „Wer der Größte, der Bedeutendste, der Star unter ihnen sei“ – darum ging es. Nun, Jesus hatte das alles mitbekommen, obwohl er vorausging und sie den Eindruck gehabt hatten, dass er nichts von alledem mitbekam. Aber er kannte ihre Herzen – und er kennt auch unsere Herzen. Und diese Grundhaltung – dieses „Der-Erste-sein-Wollen“ – der Mittelpunkt in der Familie, im Hauskreis, in der Gemeinde, am Arbeitsplatz, in der Schule – ist eine völlig falsche Einstellung. Für Christen, für Leute, die zu Jesus gehören und ihm nachfolgen, gibt es nur einen, der der Erste ist: Jesus Christus. Er ist das Haupt seiner Gemeinde – so lesen wir es in der Bibel: Gott hat *„Christus … von den Toten auferweckt … Und alles hat er unter seine Füße getan und hat ihn gesetzt der Gemeinde zum Haupt über alles“* (Epheser 1,20-22). Wenn wir uns ihm unterordnen, ihn die Mitte in unserem Leben sein lassen und seinen Willen tun, dann werden wir teilhaben an diesem „Der-Erste-Sein“. Darum sollten wir die Worte von Jesus ernst nehmen: *„… der soll der Letzte sein von allen und aller Diener.“* Das muss zur Grundhaltung des Lebens werden: dienen aus Liebe! Heute wird es für Sie sicher Gelegenheiten geben, das in die Praxis umzusetzen.

32 Das Kraftpaket

Aber die auf den Herrn harren, ***kriegen neue Kraft, dass sie auffahren mit Flügeln wie Adler, dass sie laufen und nicht matt werden, dass sie wandeln und nicht müde werden.*** (Jesaja 40,31)

Nein, hier ist nicht von Kraft im üblichen Sinn die Rede – von Muskelkraft, Nervenkraft, Spannkraft –, also von menschlich möglichen Kräften. Diese Verheißung spricht von einer *„neuen Kraft"*, von einer Kraft, die von Gott kommt. Jesus hatte zu seinen Jüngern kurz vor seiner Himmelfahrt gesagt: *„Ihr werdet die Kraft des Heiligen Geistes empfangen, der auf euch kommen wird."* (Apostelgeschichte 1,8). Der Apostel Paulus schreibt an seinen jungen Mitarbeiter Timotheus: *„Denn Gott hat uns nicht gegeben den Geist der Furcht, sondern der Kraft …"* (2. Timotheus 1,7). Diese neue Kraft, die Kraft des Heiligen Geistes, ist eine übernatürliche Kraft. Mit dieser Kraft können wir das tun, was sonst menschlich unmöglich ist, wir können uns nach oben schwingen wie Adler; wir können *„wandeln und werden nicht müde"*.

Die beste Illustration dafür ist Petrus. Mit Überzeugungskraft hatte er Jesus versprochen, treu zu sein, ja, sogar für ihn zu sterben. Aber wenige Stunden später verleugnete er ihn vor einer Magd. Wochen später jedoch, erfüllt mit der Kraft des Heiligen Geistes, bekannte er sich vor Tausenden zu Jesus als dem Retter der Welt und rief kompromisslos zur Lebenshingabe an ihn auf.

Wie bekommen Sie diese Kraft, die Sie zu einem unerschrockenen und unermüdlichen Nachfolger von Jesus macht? Antwort der Bibel: Indem Sie *„auf den Herrn harren"*. Dieses Harren ist ein aktives, ein dynamisches Warten, ein ungeteiltes Offensein für Gottes Eingreifen. Es ist erwartungsvolle Zeit, die Sie in Gottes Gegenwart verbringen. So werden Sie zum „göttlichen Kraftpaket".

33 Satan flieht

Widersteht dem Teufel, ***so flieht er von euch.*** (Jakobus 4,7)

Um das Unfassbare dieser Verheißung fassen zu können, müssen Sie sich zuerst einige Aussagen der Bibel über Satan ins Bewusstsein rufen. Er wird *„der Gott dieser Welt"* (2. Korinther 4,4) genannt. Jesus sagt, dass er *„ein Mörder von Anfang an"* ist (Johannes 8,44). In der Offenbarung wird er als *„der große Drache"* beschrieben, *„der die ganze Welt verführt"* (Offenbarung 12,9). Er ist also kein Papptiger und er ist auch kein zahnloser Löwe. Satan ist ein von Gott abgefallener, gewaltiger und immer noch einflussreicher Fürst. Er ist der Initiator aller Kriege, alle Morde, aller grauenhaften Taten. Ihm steht ein großes Heer von Dämonen zur Verfügung. Was kann ihn, diesen gewaltigen Drachen und Weltverführer, dazu bewegen, dass er uns verlässt, dass er flieht? Die Verheißung sagt: Sie! Sie, wenn Sie zwei Voraussetzungen erfüllen. Sie müssen ein Kind Gottes sein, erlöst durch das Blut von Jesus Christus. So steht es in der Bibel: *„In ihm haben wir die Erlösung durch sein Blut, die Vergebung der Sünden, nach dem Reichtum seiner Gnade"* (Epheser 1,7).

„Blut" – das erinnert an das Kreuz von Golgatha. Dort hat Jesus das „Lösegeld" für Sie bezahlt. Jeder Mensch hat sich durch Sünde an Satan verkauft. Jesus hat uns zurückgekauft mit seinem Blut. Wer zu Jesus gehört, der gehört nicht mehr dem Teufel. Er kann jetzt in der Autorität von Jesus Christus und als Kind des lebendigen Gottes dem Teufel widerstehen. In einem Chorus heißt es: „Satan flieht, wenn er Gottes Kinder unterm Kreuze sieht." Das ist das Geheimnis Ihrer Vollmacht. Machen Sie davon Gebrauch – nicht ängstlich, nicht überheblich, nicht kämpfend, sondern in der geistlichen Überlegenheit des Sieges von Jesus Christus.

34 Herrliche Erfahrung

Und wer seine Gebote hält, ***der bleibt in Gott und Gott in ihm****. Und daran erkennen wir, dass er in uns bleibt: an dem Geist, den er uns gegeben hat.* (1. Johannes 3,24)

Das ist ein tiefer Aspekt der innigen Beziehung zwischen Gott und Mensch. In der Lebensübereignung an Jesus Christus kommt Gottes Geist in Ihr Innerstes. Wenn Sie diese Grundentscheidung des Christseins getroffen haben, umgibt Sie Gott nicht nur, sondern er ist auch in Ihnen.

„Ich in ihnen" – hat Jesus Christus einmal gesagt. Das ist eine neue Qualität des Lebens. Im tiefsten und prägendsten Raum unseres Innern, in unserem Geist, wohnt er, der liebende und allmächtige Gott und mit ihm die Herrlichkeit des Himmels. Weil Gott Geist ist, füllt er das gesamte Universum aus, sitzt auf dem Thron der Ewigkeit und ist zugleich in unserem Innern.

Eine Zwölfjährige hat das einmal kindlich bildhaft ausgedrückt. Sie hielt eine kleine Bibel in ihren Händen und zeigte sie stolz ihrer Tante. Die Tante fragte: „Wer hat dir diese Bibel gegeben?" Die Kleine deutete auf eine Kindermissionarin und erklärte: „Ich habe mein Herz dem Herrn Jesus gegeben und danach hat sie mir die Bibel geschenkt." Ich schaltete mich in das Gespräch ein und fragte: „Und wie sieht es jetzt in deinem Herzen aus?" Strahlend antwortete sie: „Da glitzert's und flimmert's."

Dieses Glitzern und Flimmern soll nicht nur ein Anfangserlebnis sein, sondern eine bleibende Erfahrung. Wie das geschehen kann, davon spricht diese Verheißung: *„Und wer seine Gebote hält, der bleibt in Gott und Gott in ihm."* Wenn Sie am Wort Gottes festhalten, sich von ihm beeinflussen, führen und prägen lassen, dann werden Sie dieses Bleiben Gottes in Ihnen als eine wunderbare Erfahrung erleben.

35 Das große Angebot

Alle eure Sorge werft auf ihn; ***denn er sorgt für euch.*** (1. Petrus 5,7)

Es gibt Lebenssituationen, in denen Sorgen über Sie hereinbrechen, Sie binden, Sie ängstigen und Ihnen die Freude am Leben rauben – keine unbegründeten, sondern handfeste und darum auch ernsthafte Sorgen. Das können Krankheiten sein oder finanzielle Engpässe. Das können Zeiten sein, in denen Sie mit ansehen müssen, wie ein geliebter Mensch sich durch Selbstzerstörung oder Drogen zugrunde richtet. Es wäre unverantwortlich, das einfach abzuschütteln und billig zu sagen: „Kommt Zeit, kommt Rat" und die Realität zu ignorieren. Dazu ruft diese Verheißung Sie nicht auf. Die Schlüsselaussage sind nämlich die Worte *„auf ihn"*. *„Alle eure Sorge werft auf ihn …"*, also auf Jesus Christus, den Sohn Gottes.

Sie müssen Jesus Christus vor Augen haben. Dabei werden Sie zu einem mutigen Kraftakt aufgefordert. Sie sollen ihm die Sorgen zuwerfen. Ein solches Werfen ist ohne Loslassen nicht möglich. Was Sie werfen, befindet sich nicht mehr in Ihren Händen. Wenn Sie ihm Ihre Sorgen hinwerfen, sind sie in seinen Händen, in den Händen des besten Sorgenträgers, in den Händen von Jesus Christus. Er fängt Ihre Sorgen auf und kümmert sich jetzt darum. Wenn Sie so werfen, so entschieden, so konsequent loslassend und vertrauend, dann gilt Ihnen die Verheißung: *„… denn er sorgt für euch."*

Im „Auf-Jesus-Werfen" überlassen Sie den Ausgang einer belastenden Situation ihm. Dabei sollten Sie ihm keine Vorschriften machen, wie und wann er zu helfen hat. Im Werfen ist ihm alles übergeben. Also werfen Sie, werfen Sie mutig und entschlossen – werfen Sie nicht „weg", sondern „hin" und werfen Sie nicht irgendwo hin, sondern werfen Sie auf Jesus Christus. Das ist das große Angebot Gottes für Krisensituationen.

36 Reich beschenkt

Gott widersteht den Hochmütigen, aber den Demütigen ***gibt er Gnade.*** (1. Petrus 5,5).

Eine Frau sprach mich nach einem Vortrag an und sagte ungefähr Folgendes: „Ich werde in der Ewigkeit hoch erhobenen Hauptes an den Thron Gottes treten und werde zu Gott sagen: ‚Ich habe viele Jahre als Krankenschwester Menschen geholfen und mir nichts dabei zuschulden kommen lassen. Ich brauche keine Gnade. Ich habe das Recht, im Himmel zu sein.'" Das klang so herausfordernd, dass mir die Worte im Hals stecken blieben. Offenbar erwartete sie auch keine Reaktion, denn sie ging stolz weg.

Nur *„den Demütigen gibt er Gnade."* Den Begriff „Gnade geben" kann man auch mit „reich beschenken" wiedergeben. Die Verheißung könnte dann so übersetzt werden: *„Den Demütigen beschenkt Gott reich."* Was das bedeutet, beschreibt der Apostel Paulus eindrucksvoll in seinem Brief an die Christen in Kleinasien: *„Gelobt sei Gott, der Vater unseres Herrn Jesus Christus, der uns gesegnet hat mit allem geistlichen Segen im Himmel durch Christus"* (Epheser 1,3). Und danach spricht er von der Erwählung zu einem neuen Leben (Vers 4), von dem Geschenk, Gottes Kinder zu sein (Vers 5), von der Erlösung und der Vergebung der Sünden (Vers 7), von der Einsicht in Gottes wunderbare Pläne (Vers 9), von dem Erbe der Herrlichkeit (Vers 11) und von der Gewissheit, dass wir das Ziel erreichen werden (Vers 13). Das alles liegt für die bereit, die demütig sind, die die Steuerung ihres Lebens an Jesus Christus abgegeben haben und ihm vertrauen. Hochmütige gehen leer aus. Sie stolpern von einer Leere in die nächste. Demütige Menschen aber führt Gott in seine Schatzkammern und beschenkt sie, wie nur Gott beschenken kann. Kann er Sie heute beschenken?

37 Auf Jesus sehen

*Die auf ihn sehen, **werden strahlen vor Freude**.* (Psalm 34,6)

Sehr oft und mit Begeisterung habe ich als junger Christ das Lied gesungen, in dem es heißt: „Immer fröhlich, immer fröhlich, alle Tage Sonnenschein." Ist das der Tenor dieser Verheißung? Nein! Kein Christ erlebt jeden Tag „Sonnenschein", und kein Nachfolger von Jesus Christus ist „immer fröhlich". Die Realität sieht anders aus. Ich saß im Januar 2005 erschüttert am Sterbebett meiner Frau. Sie atmete schwer und lag im Koma. Ich streichelte über ihre Haare. Ich weinte. Da war keine Spur von „fröhlich" und es war kein „Sonnenschein".

Aber wie ist das dann mit diesem *„Strahlen vor Freude"?* Ist die Verheißung realistisch oder ist sie nur fromme Illusion? Die Blickrichtung entscheidet: *„Die auf ihn sehen, werden strahlen vor Freude."* Was Sie ansehen, bestimmt Ihre Gedanken und Gefühle, prägt Ihre Einstellung und damit Ihr gesamtes Leben. Immer wieder bin ich im Sterbezimmer meiner Frau aufgestanden, habe nach oben geschaut und das so genannte Herrlichkeitslied gesungen. Im Refrain heißt es: „Das wird allein Herrlichkeit sein, wenn frei von Weh ich sein Angesicht seh." Jesus Christus wird hier angesprochen. Ich sah, während ich gesungen habe, auf ihn. Und dabei erlebte ich – auch wenn Tränen in meinen Augen standen – Freude.

Und, dass muss betont werden: Freude ist viel mehr als Fröhlichkeit. Fröhlichkeit ist eine Sache des Gefühls. Freude ist ein inneres Geschenk von Gott. Wenn Sie nicht die Schwierigkeiten anstarren, das, was Trauer oder Angst oder Verzweiflung verursacht, sondern Jesus Christus fest im Blick haben, dann gewinnt die Freude mehr und mehr Raum in Ihnen – die Freude an Gott, der Liebe ist, der alles im Griff hat, der keine Fehler macht.

38 Sein stabiles Ja

Sind wir untreu, ***so bleibt er doch treu;*** *denn er kann sich selbst nicht verleugnen.* (2. Timotheus 2,13)

Diese Verheißung verbindet mich mit einem wunderbaren Erlebnis. Mit zwölf hatte ich am Ende einer Religionsstunde eine erste Erfahrung mit Jesus Christus gemacht. Eine Diakonisse, die vertretungsweise diese Religionsstunde übernommen hatte, gab uns eine Gelegenheit, Jesus Christus als Freund und Retter anzunehmen. Damals betete ich öffentlich: „Herr Jesus, komm in mein Herz." Zum ersten Mal spürte ich intensiv Gottes Liebe. Freude erfüllte mich. Ich wusste, dass ich jetzt sein Eigentum war.

Aber diese Erfahrung war nicht von Dauer. Als Teenager hatte ich ehrgeizige Pläne, und Gott wurde dadurch mehr und mehr aus meinem Leben verdrängt. Dann aber kam eine Zeit, in der ich intensiv auf der Suche nach Jesus Christus war. Ich spürte ein Vakuum in meinem Innern. Nichts befriedigte mich mehr. An einem späten Abend – es war der 17. Juni 1956 – traf ich betend die Entscheidung, Jesus Christus nachzufolgen. Ich unterschrieb eine kleines Faltblatt, auf dem stand: „Jesus will ich gehören für Zeit und Ewigkeit." Weil ich bei dieser Entscheidung keine besonderen Gefühle empfand, war ich verunsichert. Hatte Gott mein Gebet erhört? Hatte er mich angenommen? In dieser Phase der Zweifel wurde ich an das Kindheitserlebnis erinnert und es war, als sagte Jesus Christus zu mir: „Seit damals gehörst du mir!" Kurz danach entdeckte ich in der Bibel diese Verheißung: *„Sind wir untreu, so bleibt er doch treu; denn er kann sich selbst nicht verleugnen."* Ich war ihm untreu geworden, aber er war mir treu geblieben. Seine Treue, sein Ja, ist das feste Fundament des Lebens mit Jesus – auch heute.

39 Innere Stärke

Lasst euch nicht durch mancherlei und fremde Lehren umtreiben, ***denn es ist ein köstlich Ding, dass das Herz fest werde, welches geschieht durch Gnade.*** (Hebräer 13,9)

Fremde Lehren gibt es wie Sand am Meer. In unserer multikulturellen Gesellschaft kommen sie in einer Fülle anderer Religionen auf uns zu. Sekten und religiöse Gruppen preisen ihr Heil an. Gurus propagieren Lebenserfüllung. Und die Esoterikwelle zieht Millionen in ihren Bann. Aber auch auf den Kanzeln gibt es diese *„fremden Lehren"*, und das ist gefährlicher als alles andere, weil es eine Mischung aus Wahrheit und Lüge ist, weil dabei Männer und Frauen die Bibel in der Hand haben und dennoch am Zentrum der biblischen Botschaft vorbeipredigen.

An zwei Kriterien können Sie prüfen, ob Sie eine fremde Lehre hören oder Gottes Wort. Ein Satz der Bibel ist der Prüfstein: *„Denn ich hielt es für richtig, unter euch nichts zu wissen als allein Jesus Christus, den Gekreuzigten."* (1. Korinther 2,2) – so der Apostel Paulus. Eine Person muss im Mittelpunkt stehen – Jesus Christus, der Sohn Gottes – und ein Ereignis muss immer wieder zur Sprache kommen – sein stellvertretendes Sterben am Kreuz. In beidem ist die Gnade Gottes in unvergleichlicher Fülle zu uns gekommen. Im Sterben von Jesus wird uns die Vergebungsgnade angeboten, denn Jesus nahm die Sünden der ganzen Menschheit auf sich. In seiner Person wird uns der Gnadenreichtum angeboten, alles, was wir für Zeit und Ewigkeit brauchen. In der Bibel steht: *„Der auch seinen eigenen Sohn nicht verschont hat, sondern hat ihn für uns alle dahingegeben – wie sollte er uns mit ihm nicht alles schenken?"* (Römer 8,32). Wer sich von Jesus Christus mit dieser Gnade Tag für Tag beschenken lässt, wird innerlich stark.

40 Hoch motiviert

Darum gehet hin und machet zu Jüngern alle Völker: Taufet sie auf den Namen des Vaters und des Sohnes und des Heiligen Geistes und lehret sie halten alles, was ich euch befohlen habe. ***Und siehe, ich bin bei euch alle Tage bis an der Welt Ende.*** (Matthäus 28,19-20)

Es war eine kleine Gruppe von Männern und Frauen, denen Jesus Christus diese weltumspannende Aufgabe anvertraute. Können Sie sich vorstellen, was in ihnen vorging, als Jesus zu ihnen sagte, dass sie allen Völkern die rettende Botschaft von der Liebe Gottes sagen sollten? Sie, die „Nobodys", und so ein gewaltiger Auftrag!? Doch plötzlich atmeten sie auf und Hoffnung, Mut und Freude erfüllte sie, denn sie hörten aus seinem Mund die Verheißung: *„Ich bin bei euch alle Tage bis an der Welt Ende."* Er, der Sieger über Sünde, Tod und Teufel, er selbst würde sie begleiten. Er würde ihnen nicht nur gelegentlich einmal begegnen, in Krisensituationen oder wenn sie ihn darum baten, sondern er würde immer da sein, in jeder Sekunde, bei Tag und bei Nacht. Staunen und Begeisterung erfasste sie. Jetzt würde ihnen nichts unmöglich sein oder – genauer gesagt – *ihm* würde nichts unmöglich sein.

Und diese überwältigende Verheißung gilt auch für alle, die Jesus Christus heute nachfolgen. Es gilt für Sie, wenn Sie sich ihm zur Verfügung stellen. Es gilt für Sie, wenn Sie sich senden lassen. Es gilt für Sie, wenn Sie den Menschen in Ihrer Umgebung als Jünger und Jüngerin Jesu begegnen: großzügig, zuvorkommend, liebevoll, freundlich, aufmerksam, geduldig – und mit der Botschaft des ewigen Lebens. *„Siehe, ich bin bei euch alle Tage bis an der Welt Ende."* Das ist Liebe, Geborgenheit und Motivation pur.

41 Mehr als nur Drinks

Wer aber von dem Wasser trinken wird, das ich ihm gebe, ***den wird in Ewigkeit nicht dürsten****, sondern das Wasser, das ich ihm geben werde,* ***das wird in ihm eine Quelle des Wassers werden, das in das ewige Leben quillt****.* (Johannes 4,14)

Das verspricht Jesus Christus an einem Brunnen einer Frau, die gerade Wasser schöpft. Er, der in die Tiefen des Herzens sehen kann, weiß, dass sie aus Hunger nach Anerkennung und Liebe auf Abwege gekommen war. Ihre fünfte Ehe war geschieden worden und jetzt lebt sie unehelich mit einem Mann zusammen. Im Dorf zerreißt man sich den Mund über sie. Keiner will etwas mit ihr zu tun haben. Ein Flittchen. Aber sie hat Durst nach Leben. Und dieses Thema greift Jesus auf. Dabei knüpft er an das aktuelle Bild vom Wasser an, indem er sie um Wasser bittet. Aber in dem Augenblick, als sie ihm erstaunt ihren Krug reicht, sagt er zu ihr: *„Wenn du erkenntest die Gabe Gottes und wer der ist, der zu dir sagt: Gib mir zu trinken!, du bätest ihn und er gäbe dir lebendiges Wasser"* (Johannes 4,10).

Lebendiges Wasser ist ein Bild für erfülltes Leben. H_2O kann nicht den Durst unseres Herzens stillen, und auch alle anderen Dinge, die das Leben zu bieten hat – Reichtum, Karriere, Vergnügen, Beziehungen und Religion –, können es nicht. Sie sind bestenfalls Drinks. Nur Jesus Christus kann dieses Vakuum füllen, das jeder Mensch empfindet. Er will es mit seinem Geist tun, mit dem Geist der Liebe.

Der Apostel Paulus schreibt: *„Die Liebe Gottes ist ausgegossen in unsre Herzen durch den Heiligen Geist"* (Römer 5,5). Beachten Sie dabei den Begriff *„ausgegossen"*. Wasser kann man ausgießen, und wo Wasser ist, wird der Durst gestillt. *„... den wird in Ewigkeit nicht dürsten"* – verspricht Jesus Christus. Lassen Sie sich von ihm dieses erfüllte Leben schenken.

42 Das Therapieangebot Gottes

Wer seine Sünde leugnet, dem wird's nicht gelingen; wer sie aber bekennt und lässt, ***der wird Barmherzigkeit erlangen.*** (Sprüche 28,13)

Am 12. September 1998 beschloss das amerikanische Repräsentantenhaus, den Ermittlungsbericht über Bill Clintons Sex- und Meineidaffäre zu veröffentlichen. Kurz danach flimmerten auch die intimsten Details um die Welt. Ich griff in einem Hotel nach der Tageszeitung und las die fett gedruckte Schlagzeile des Tages: „Bill Clinton: Wie schwer wiegen seine Sünden?"

Das führt uns zum Thema unserer Verheißung. Dabei geht es nicht um den ehemaligen amerikanischen Präsidenten, sondern um mich, um Sie und um jeden anderen Menschen. „Wie schwer wiegen unsere Sünden?" Die Bibel hat eine Menge zu diesem Thema zu sagen. In der Verheißung des Tages lesen wir: *„Wer seine Sünde leugnet, dem wird's nicht gelingen."* Was wird nicht gelingen? Die ebenso einfache wie umfassende Antwort ist: das Leben. Das Leben wird nicht gelingen. An der Sünde geht das Leben zugrunde. Sünde ist wie eine Krebsgeschwulst. Jede Krebsgeschwulst beginnt unscheinbar, aber es zerstört im Laufe der Zeit den Körper. So zerstört die Sünde den Geist, die Seele und zum Teil auch den Leib des Menschen. Doch die göttliche Therapie gegen die Krebsgeschwulst der Sünde ist ein wunderbares Heilungsangebot und damit ein Angebot zu einem gelingenden Leben. Die Therapie lautet: *„… wer sie* – die Sünde – *aber bekennt und lässt, der wird Barmherzigkeit erlangen."*

Zwei Therapieschritte werden genannt. Erstens muss Sünde bekannt werden, und zwar dem Herrn Jesus Christus, der die Sünden der Welt trägt und sie vergibt. Nur er kann sagen: *„Deine Sünden sind dir vergeben"* (Lukas 5,20). Und zweitens muss man die Sünde sein lassen, mit ihr aufhören. Beides erwartet Gott von Ihnen. Sind Sie dazu bereit?

43 Aufatmen

Kommt her zu mir, alle, die ihr mühselig und beladen seid; ***ich will euch erquicken****.* (Matthäus 11,28)

Jesus Christus verspricht: *„Ich will euch erquicken."* Er sagt das zu Menschen, die ausgebrannt, genervt, überlastet sind, denen die Probleme über den Kopf wachsen, die nicht mehr durchblicken. Das können Schüler, Studenten, Lehrer, Arbeiter, Arbeitslose, Hausfrauen, Alleinerziehende oder Senioren sein – das können Sie und das kann ich sein.

Doch bevor er versprochen hat: *„Ich will euch erquicken"*, hat er gesagt: *„Kommt her zu mir."* Den ersten Schritt müssen also wir tun. Wir müssen zu Jesus Christus kommen, wenn wir innerlich zur Ruhe kommen wollen.

Dabei geht es nicht nur um einen kurzen Besuch, um ein flüchtiges Gespräch, um ein schnelles Auftanken. Jesus Christus ist kein Supermarkt, in dem man sich x-beliebig bedienen kann und dann völlig unverbindlich wieder geht. Wenn Jesus Christus sagt: *„Kommt her zu mir"*, dann ist das ein Aufruf, mit ihm zu leben. Zu Jesus kommen ist gleichbedeutend mit „bei ihm bleiben". Nur in seiner Gegenwart, im Direktanschluss an ihn, werden Sie, wie er versprochen hat, *„erquickt"*. Nur in der Lebensgemeinschaft mit ihm fließt Ihnen unaufhörlich neue Kraft zu, erleben Sie Frieden und spüren ein tragfähiges Fundament unter Ihren Füßen. Leben Sie bereits mit Jesus Christus? Haben Sie die Entscheidung getroffen, ihm zu gehören? Wenn diese Fragen klar beantwortet sind, dann öffnen Sie sich doch in einer zweiten Entscheidung ganz weit für seine Liebe, für seine Hilfe, für seinen Frieden und für seine Geborgenheit. Er lässt Sie aufatmen.

44 Werden wie Jesus

Nun aber schauen wir alle mit aufgedecktem Angesicht die Herrlichkeit des Herrn wie in einem Spiegel, ***und wir werden verklärt*** (= verwandelt) ***in sein Bild*** *von einer Herrlichkeit zur andern von dem Herrn, der der Geist ist.* (2. Korinther 3,18)

Christen sollen werden wie Christus. Seine Hingabe, seine Liebe, seine Demut, seine Opferbereitschaft, sein Gehorsam – kurz: sein ganzes Sein ist das Modell für unser Leben. So will Gott Sie haben! Jesus Christus, Gottes Sohn, ist das „Vorbild", das Bild, das vor Gott steht, wenn er an uns durch den Heiligen Geist arbeitet. Der Heilige Geist ist dabei der liebevolle und kraftvolle Umgestalter des Lebens. Das ist keine äußerliche „Schönheitsoperation", und es ist auch kein Auftragen eines „religiösen Anstrichs". Es ist ein Verwandlungsprozess, der sich in den tiefsten Schichten unserer Persönlichkeit ereignet.

Dabei stellt sich die Frage: Geschieht das alles von selbst, sozusagen automatisch, ohne dass wir daran beteiligt wären? Die Antwort ist: „Ja und Nein zugleich!" „Ja" zuerst – weil es das Werk des Heiligen Geistes ist. „*... wir werden verwandelt in sein Bild ... von dem Herrn, der der Geist ist.*" Und doch sind wir dabei keine Statisten oder Zuschauer, denn die Verheißung beginnt mit den Worten: „*Nun aber schauen wir alle mit aufgedecktem Angesicht die Herrlichkeit des Herrn.*" Und erst dann steht: „*... und wir werden verwandelt.*" Noch deutlicher wird es, wenn Sie ein „so" einfügen: „*... und* so *werden wir verwandelt.*"

Wie also werden wir verwandelt? Wenn wir mit innerer Offenheit Jesus Christus anschauen. Das geschieht durch Gebet. Im Gebet kommen wir Jesus Christus ganz nahe und schauen ihn mit den Augen des Herzens an. Sprechen Sie mit ihm und hören Sie auf ihn. So wird das Wesen Jesu Ihre Seele prägen.

45 Beter sind Azubis

Desgleichen hilft auch der Geist unsrer Schwachheit auf. *Denn wir wissen nicht, was wir beten sollen, wie sich's gebührt; sondern* ***der Geist selbst vertritt uns mit unaussprechlichem Seufzen.*** (Römer 8,26)

Dass der Heilige Geist uns im Gebet vertritt, ist eine der tröstlichsten Gebetsverheißungen. Jeder aufrichtige Beter empfindet gerade im Gebet diese „*Schwachheit*" und dieses „*nicht wissen, wie sich's gebührt*". Bei einer Gebetskonferenz wurde ich als Gebetsprofi vorgestellt. Ich habe das entschieden abgewiesen und erklärt, dass ich ein Gebetsazubi bin – ein Gebetsauszubildender. Dabei steht die Bitte der Jünger vor meinen Augen, die Jesus baten: „*Herr, lehre uns beten*" (Lukas 11,1).

Wahre Beter wissen sich ganz und gar abhängig vom Heiligen Geist. Er muss die Liebe im Gebet schenken, die Liebe zu Gott. Er muss den Glauben im Gebet bewirken, den Glauben, dass Gott nichts unmöglich ist. Er muss die Hingabe im Gebet schenken, die Hingabe an ihn und an seinen Willen. Er muss den Beter vor Gott vertreten. Wie tröstlich ist es, dass er das tut, wenn wir unsere Ohnmacht eingestehen und uns von ihm abhängig machen. Wo allerdings Überheblichkeit, Selbstsicherheit und eine fordernde Gebetshaltung dominieren, wo der Beter selbst von seinem Gebet fasziniert ist, da zieht sich der Heilige Geist zurück. Und wenn Gottes Geist unsere Gebete nicht mehr prägt, dann werden sie leer und trocken, dann werden sie zu religiösen Vorträgen und zu liturgischen Abhandlungen. So aber werden Gebete Gottes Ohr nicht erreichen und sein Herz nicht bewegen.

Darum will ich mich, wenn ich anbete, wenn ich danke und wenn ich bitte, auf diese Verheißung stützen, dass der „*Geist selbst mich mit unaussprechlichem Seufzen vertritt*". Tun Sie es auch!

46 Die lebendige Brücke

Jesus hob seine Augen auf zum Himmel und sprach: „Vater, die Stunde ist da: verherrliche deinen Sohn, damit der Sohn dich verherrliche; denn du hast ihm Macht gegeben über alle Menschen, ***damit er das ewige Leben gebe allen, die du ihm gegeben hast.*** *“* (Johannes 17,1-2)

In diesem weltumspannenden Fürbittegebet finden Sie die Verheißung des ewigen Lebens. Jesus Christus betete, dass er das ewige Leben allen denen gibt, die der Vater ihm gegeben hat. Gott, der Vater, berührt Menschen in ihren Herzen und in ihren Gewissen und bewegt sie, zu Jesus, dem Erlöser, zu kommen. Wer darauf reagiert und sich Jesus Christus anvertraut, dem schenkt Jesus Christus das ewige Leben.

Warum aber dieser „Umweg“ über den Sohn Gottes? Warum gibt nicht Gott, der Vater, selbst und sofort denen das ewige Leben, die an ihn glauben und zu ihm beten? Die Antwort finden Sie in der Bibel: *„Es gibt für alle nur einen Gott, und es gibt nur einen, der zwischen Gott und Mensch die Brücke schlägt: den Menschen Jesus Christus. Er gab sein Leben, um die ganze Menschheit von ihrer Schuld zu befreien“* (1. Timotheus 2,5-6/eigene Übersetzung). Ein reißender und tiefer Strom der Menschheitsschuld trennt jeden, der auf unserem Planeten geboren wird, von Gott. Aber es gibt eine tragfähige personale Brücke, die Himmel und Erde wieder miteinander verbindet: Jesus Christus. Wer sich dieser personalen Brücke anvertraut, erhält das ewige Leben.

„Es gibt nur einen“, das muss in unserem multireligiösen Jahrhundert klar und kompromisslos betont werden – es gibt nur einen, der ewiges Leben geben kann: Jesus Christus. Das gilt für alle Menschen aller Kulturen und aller Jahrhunderte – auch für Sie! Jesus Christus kann und will Ihnen ewiges Leben geben.

47 Das Gemälde

Der ist wie ein Baum, gepflanzt an den Wasserbächen, der seine Frucht bringt zu seiner Zeit, und seine Blätter verwelken nicht. Und was er macht, das gerät wohl. (Psalm 1,3)

In München habe ich einen älteren Künstler kennen gelernt. Er hat nur Bäume gemalt. Hunderte von Bildern mit Bäumen. Kein Baum glich dem andern. Jedes Bild war ausdrucksvoll – geradezu faszinierend. Eines seiner Baumbilder hängt nun in unserer Wohnung.

Die Bibel zeichnet in dieser Verheißung ebenfalls einen Baum. Einen Baum, der Früchte bringt, die ernähren. Einen Baum mit vielen grünen Blättern, die das Auge erfreuen, die Schatten spenden, zur Ruhe einladen.

So soll auch Ihr Leben sein. Das ist Gottes Plan. Sie sind dazu berufen, Früchte zu bringen. In der Bibel werden diese Früchte beschrieben: *„Liebe, Freude, Friede, Geduld, Freundlichkeit, Güte, Treue, Sanftmut, Keuschheit“* (Galater 5,22-23). Es sind Früchte, die Menschen, mit denen Sie zusammenleben oder die Ihnen begegnen, innerlich ernähren. Es sind Früchte, die aufrichten und stärken. Sie sind auch dazu berufen, eine anziehende Persönlichkeit zu sein, in deren Nähe man sich wohl fühlt – wie unter einem Baum mit vielen Blättern.

Und noch eine weitere Zusage wird gegeben: *„Und was er macht, das gerät wohl.“* Das heißt doch, dass das funktioniert, was diese Frau, was dieser Mann in die Hände nehmen. Wer darf sich auf diese dreifache Verheißung berufen? Lesen und überdenken Sie dazu die beiden vorhergehenden Verse dieses Psalms. In Vers 1 wird gesagt, was dieser Mensch nicht darf (mit gottlosen Menschen Gemeinschaft haben). In Vers 2 steht hingegen, was er tun muss (sich intensiv mit dem Wort Gottes beschäftigen). Prüfen Sie daraufhin Ihr Leben, Ihre Beziehungen, Ihren Freundeskreis. Und prüfen Sie, welche Bedeutung Gottes Wort in Ihrem Leben hat.

48 Bitte einkalkulieren!

Der Gott aller Gnade aber, der euch berufen hat zu seiner ewigen Herrlichkeit in Christus Jesus, ***der wird euch, die ihr eine kleine Zeit leidet, aufrichten, stärken, kräftigen, gründen.*** (1. Petrus 5,10)

Machen Sie sich das immer wieder bewusst: Sie sind, wenn Sie mit Jesus Christus leben, zur ewigen Herrlichkeit berufen. Alles, was wir in diesem Leben Herrlichkeit nennen, verblasst gegenüber der Herrlichkeit des Himmels. Aber gerade an dieser Stelle, wo von Herrlichkeit die Rede ist, ist auch vom Leiden die Rede – und das darf nicht verschwiegen werden.

Leiden gehört zum Christsein. Gerade in Zeiten, in denen Christen leiden, weil sie Jesus Christus nachfolgen, will sie Gott besonders beschenken. Er will sie *„aufrichten, stärken, kräftigen und gründen"* – so wird es in dieser Verheißung versprochen. Er selbst, der Gott aller Gnade, greift mit den Händen des Erlösers nach ihnen, mit den Händen der Liebe und *„richtet sie auf"*. Er verwandelt ihre Schwachheit in *„Stärke"*.

Auch der Apostel Paulus hat das erlebt. Er bekennt: *„Darum bin ich guten Mutes in Schwachheit, in Misshandlungen, in Nöten, in Verfolgungen und Ängsten um Christi willen; denn wenn ich schwach bin, so bin ich stark"* (2. Korinther 12,10). Und dann gibt Gott denen, denen der Boden unter den Füßen weggerissen wurde, die Verlust, Einsamkeit und Hoffnungslosigkeit empfinden, einen neuen und *„festen Grund"*, ein sicheres Fundament.

Ein Beter in der Bibel bekennt: *„Er stellte meine Füße auf einen Fels"* (Psalm 40,3). Das ist handfester Trost und das ist Hilfe, die das Leben erfüllt. Auch Sie können heute, wenn Sie am Boden liegen, mit Gottes *„Aufrichten, Stärken, Kräftigen und Gründen"* rechnen.

49 Liebe bewahrt

Wer seinen Bruder (und seine Schwester) *liebt, der bleibt im Licht, und* ***durch ihn kommt niemand zu Fall.*** (1. Johannes 2,10)

Brüder und Schwestern, das sind die, die Jesus Christus als Retter und Herrn angenommen haben und ihm nachfolgen. Ihnen gilt zuerst unsere Liebe. In der Apostelgeschichte lesen wir von den ersten Christen, dass sie *„ein Herz und eine Seele"* waren. Und der Apostel Petrus schreibt: *„... habt euch untereinander beständig lieb aus reinem Herzen"* (1. Petrus 1,22). Wenn unsere Beziehung zu den Brüdern und Schwestern von der Liebe bestimmt ist, kommt durch uns keiner von ihnen zu Fall. Wo aber die Liebe fehlt, wo Rechthaberei, Ehrsucht, Kritikgeist und Rücksichtslosigkeit sich breit machen, können Menschen, die Jesus Christus in die Nachfolge gerufen hat, vom rechten Weg abkommen.

Während einer Evangelisation entschied sich eine junge Frau für Jesus Christus. Ihre freien Abende hatte sie vorher in Diskos verbracht. Jetzt schloss sie sich einer christlichen Gemeinde an und besuchte mit Freude die Gottesdienste. Da sie noch immer eine starke Raucherin war, hielt sie es gerade eine Stunde während des Gottesdienstes ohne zu rauchen aus. Dann aber eilte sie vor die Kirche und zündete sich eine Zigarette an. Ein älterer Bruder ärgerte sich darüber, ging ihr nach, legte seine Hand auf ihre Schulter und sagte: „Davon müssen Sie auch noch frei werden." Die Überheblichkeit und der lieblose Ton, in dem er das sagte, verletzte die junge Frau so sehr, dass sie von da ab der Gemeinde fernblieb. Sie wäre zu Fall gekommen, wenn nicht ein Ehepaar sie immer wieder besucht und mit ihr gebetet hätte.

Prüfen Sie Ihre Beziehung zu den Brüdern und Schwestern Ihrer Gemeinde und lassen sie sich Gottes Liebe schenken.

50 Repräsentanten

Wer euch hört, der hört mich*; und wer euch verachtet, der verachtet mich; wer aber mich verachtet, der verachtet den, der mich gesandt hat.* (Lukas 10,16)

Jesus stellt sich eindeutig auf die Seite seiner Nachfolger. Er macht sich so mit ihnen eins, dass er versprochen hat: *„Wer euch hört, der hört mich; und wer euch verachtet, der verachtet mich.“* Diese Verheißung verpflichtet alle, die Jesus nachfolgen, in seiner Liebe und in seiner Klarheit zu leben. Sie verpflichtet, auf Jesus Christus zu hören, seine Anliegen ernst zu nehmen und sie durch das Leben, durch Wort und Tat, umzusetzen. Wenn Sie das tun, dann dürfen Sie fest damit rechnen, dass er durch Sie redet und handelt.

Jünger von Jesus Christus sind auf dieser Erde seine Repräsentanten. Der Apostel Paulus hat das so formuliert: *„So sind wir nun Botschafter an Christi statt“* (2. Korinther 5,20). Ein Botschafter vertritt in einem fremden Land die Regierung seines Landes. Er besitzt die Autorität, im Namen seiner Regierung das weiterzusagen, was seine Regierung will. In diesem Sinn redet seine Regierung durch ihn. So redet auch Jesus Christus, der Herr des Reiches Gottes, durch seine Nachfolger. Sie sind Botschafter des Reiches Gottes in den Reichen dieser Welt. Sie sind Botschafter des allmächtigen, des allgegenwärtigen und des allwissenden Herrn Jesus Christus. Machen Sie sich das bewusst, wenn Sie mit Menschen sprechen, wenn Sie agieren und reagieren. Machen Sie sich das bewusst, wo immer Sie auch sind und was immer Sie auch tun. Sie repräsentieren Jesus Christus. Ihr Mund ist sein Mund. Ihre Stimme ist seine Stimme. Er steht voll hinter Ihnen, wenn Sie sich ihm so zur Verfügung stellen.

51 Die neue Garderobe

Ihr habt … den neuen (Menschen) *angezogen,* ***der erneuert wird zur Erkenntnis nach dem Ebenbild dessen, der ihn geschaffen hat.*** (Kolosser 3,9-10)

Diese Verheißung muss mit einem zweiten Satz der Bibel ergänzt werden: *„Zieht den neuen Menschen an, der nach Gott geschaffen ist …"* (Epheser 4,24). Haben Sie den Unterschied zwischen beiden Aussagen bemerkt? Einmal heißt es: *„Ihr habt angezogen"* und dann *„Zieht an"*. Was ist nun richtig? Beide Texte sind ja an Christen geschrieben. *Haben* wir in der Lebenshingabe an Jesus schon den neuen Menschen angezogen, oder *müssen* wir ihn erst noch anziehen?

Beides trifft zu. Sie haben in der Lebenshingabe an Jesus Christus den neuen Menschen angezogen und trotzdem muss er immer wieder „angezogen" werden. Der neue Mensch wird in der Bibel auch der *„inwendige Mensch"* genannt (Epheser 3,16). Aber dieser innere Mensch ist nicht sofort „erwachsen". Er ist auf Wachstum angelegt. Darum heißt es, dass der neue Mensch immer wieder erneuert wird: *„Wenn auch unser äußerer Mensch verfällt, so wird doch der innere von Tag zu Tag erneuert"* (2. Korinther 4,16).

Das Ziel dieser Erneuerung, dieses täglichen Anziehens ist *„… das Ebenbild dessen, der ihn geschaffen hat."* Hier klingen die Worte aus der Schöpfungsgeschichte an: *„Gott schuf den Menschen zu seinem Bilde, zum Bilde Gottes schuf er ihn"* (1. Mose 1,27). Es meint die Wiederherstellung der ursprünglichen Schöpfung, die Wiederherstellung dessen, was Gott mit dem Menschen ursprünglich gemeint hat. Das aber ist ein Lebensprozess, für den es keine Abkürzung gibt. Er geschieht *„von Tag zu Tag"*. Heute können Sie diesem wunderbaren Ziel ein Stück näher kommen. In diesem Sinn: Ziehen Sie Ihre neue Garderobe an!

52 Ursache und Wirkung

Wer da kärglich sät, der wird auch kärglich ernten; und wer da sät im Segen, ***der wird auch ernten im Segen****.* (2. Korinther 9,6)

Das ist logisch und unbestritten: Wer wenig sät, wird auch wenig ernten. Wer nur einige Weizenkörner in die Erde steckt, der macht sich lächerlich, wenn er im Sommer einen Mähdrescher anfordert. Aber auch das Gegenteil ist eindeutig: Wer reichlich sät, der wird dann auch reichlich ernten.

Dieses kausale Gesetz, das Gesetz von Ursache und Wirkung, gilt auch im geistlichen Leben, gilt auch in der Jesusnachfolge. Jesus Christus ist das Vorbild für reiche Saat und reiche Ernte. Er war kein Einzelgänger, kein Eremit, keiner, der sich zurückzog und sich angenehme Tage machte. Er war ein Freund der Menschen, sprach täglich mit ihnen. Er half, tröstete, ermutigte. Er säte die Liebe Gottes reichlich aus. Darum hat er auch eine gesegnete Ernte.

Sie und ich sind auch Bestandteil der Ernte seiner Liebe, seines Gehorsams, seiner Hingabe. Wie würden Sie sich aber selbst einschätzen? Säen Sie kärglich oder säen Sie im Segen – also reichlich? Von Ihrer Saat wird auch Ihre Ernte abhängen. Wenn Sie wenig von Jesus Christus weitergeben, wenig vom Evangelium, wenig von seiner Liebe, dann können Sie keine gewaltige Ernte erwarten. Wenn Sie aber viel von Jesus Christus weitergeben, dann werden Sie auch viel „in die Scheune fahren" können.

Machen Sie doch jeden Tag zu einem Tag, an dem Sie bewusst als Jünger (oder Jüngerin) des Herrn leben. Machen Sie jeden Tag zu einem Tag, an dem Sie nicht für sich selbst leben, sondern für Jesus Christus. Wenn das Ihr Verlangen ist, Ihre Leidenschaft, dann werden Sie ganz sicher *„ernten im Segen"* – wie es die Verheißung verspricht.

53 Ein Tag wie noch nie

Siehe, ich sage euch ein Geheimnis: Wir werden nicht alle entschlafen, ***wir werden aber alle verwandelt werden; und das plötzlich, in einem Augenblick****, zur Zeit der letzten Posaune. Denn es wird die Posaune erschallen und die Toten werden auferstehen unverweslich,* ***und wir werden verwandelt werden***. (1. Korinther 15,51-52)

Zweimal lesen wir in dieser Verheißung den Begriff *„verwandeln"*. Er beschreibt ein Ereignis, das der Apostel Paulus *„ein Geheimnis"* nennt. Die Auferstehung der Toten war allerdings kein Geheimnis. Jeder fromme Jude wusste davon, und auch Jesus hatte in aller Öffentlichkeit von der Auferstehung gesprochen. Was aber allgemein bekannt ist, das ist nun einmal kein Geheimnis.

Hier ist aber von einem wirklichen Geheimnis die Rede, zumindest war es den damaligen Christen bis dahin verborgen. Es wird *„Verwandlung"* genannt. Dabei geht es nicht um Verstorbene, sondern um Lebende. *„Wir werden nicht alle entschlafen"* – schreibt der Apostel Paulus. Und im zweiten Vers lesen wir: *„Die Toten werden auferstehen unverweslich, und wir werden verwandelt werden."* Auch hier wird die *„Verwandlung"* auf noch lebende Menschen bezogen.

Was heißt das nun? Es wird einmal einen Tag geben, an dem alle auf der Erde lebenden Nachfolger von Jesus Christus auf eine übernatürliche und geheimnisvolle Weise verwandelt werden. Dieses Ereignis fällt mit der Auferstehung aller zusammen, die ihr Leben Jesus Christus anvertraut haben und verstorben sind. Zusammen mit ihnen werden die noch lebenden Christen in die Gegenwart des Sohnes Gottes geführt. Es wird ein Tag sein, wie ihn die Menschheit noch nie erlebt hat. Denn an diesem Tag werden Millionen auf allen Kontinenten plötzlich verschwunden sein. *„Dem Herrn Jesus entgegen entrückt"* lesen wir in der Bibel (1. Thessalonicher 4,17). Wären Sie dabei – wenn es heute geschehen sollte?

54 Gefangen im Heute

Und wenn ich hingehe, euch die Stätte zu bereiten, ***will ich wiederkommen und euch zu mir nehmen, damit ihr seid, wo ich bin.*** (Johannes 14,3)

Die meisten Menschen sind gefangen im Heute. Sie haben die Zukunft aus ihrem Leben ausgeblendet, auch wenn sie sich gegen vieles haben versichern lassen. Im Hallenbad kam ich einmal mit einem älteren Herrn auf dieses Thema zu sprechen: „Lassen Sie mich damit in Ruhe", sagte er beinahe aggressiv, „jetzt lebe ich, und wenn ich nicht mehr laufen kann, gebe ich mir 'ne Kugel!" Nicht viele werden das so radikal formulieren – aber das Gefangensein im Heute ist doch oft unübersehbar.

Ganz anders die, die mit Jesus Christus unterwegs sind. Ihnen versichert Jesus Christus im Blick auf die Zukunft ein Dreifaches. Erstens sagt er, dass er wiederkommen wird. Christen warten nicht auf das Sterben, sondern auf Christus.

Zweitens sagt Jesus Christus, dass er uns zu sich nimmt. Es geht also nicht um eine Luxuswohnung im Himmel und nicht um goldene Straßen. Es geht um die Begegnung mit Jesus, dem Retter, der uns mit seinem Blut erkauft hat. Er will uns zu sich nehmen.

Und drittens sagt er, dass er uns dort haben will, wo er selbst ist. Ganz in seiner Nähe. Liebe will, dass der oder die Geliebte ganz nahe ist. Jesus Christus ist Liebe in Person. Es geht im Christsein hier wie auch im Himmel immer um eine personale Beziehung. Darum hat einmal jemand geradezu provozierend gesagt: „Lieber mit Jesus in der Hölle als ohne ihn im Himmel."

Aber eines ist unbestritten: Wo Jesus ist, ist Himmel. Und wenn Sie mit ihm verbunden sind, dann sind Sie nicht gefangen im Heute, sondern befreit für ein herrliches Morgen.

55 Der bekannte Unbekannte

Ich bin das lebendige Brot, das vom Himmel gekommen ist. Wer von diesem Brot isst, ***der wird leben in Ewigkeit****. Und dieses Brot ist mein Fleisch, das ich geben werde für das Leben der Welt.* (Johannes 6,51)

Wer ist dieser Jesus, dieser mysteriöse Mann, an dem sich die Geister scheiden? So fragte man sich damals, als er in der Öffentlichkeit auftrat, und so wird auch heute noch gefragt. Er passt einfach in kein Schema. Philosoph, Edelmensch, Revolutionär, Religionsstifter, Guru – nichts davon passt und er ist auch keine Mixtur aus alldem. Es ist uns Menschen aber unheimlich, wenn man jemanden nicht einordnen kann.

In dieser Verheißung, in der es um das ewige Leben geht, um das Wichtigste also, das es gibt, lesen Sie eine seiner steilen Selbstaussagen: *„Lebendiges Brot“* nennt er sich und *„vom Himmel gekommen“*. Keiner kann ihn einordnen, aber hier ordnet er sich selber ein. Und bei einer anderen Gelegenheit erklärte er seinen Zuhörern: *„Ihr seid von unter her, ich bin von oben her; ihr seid von dieser Welt, ich bin nicht von dieser Welt“* (Johannes 8,23). Nur wer vom Himmel kommt, kann Himmel geben. Nur wer von oben ist, kann nach oben führen. Nur wer von der ewigen Wirklichkeit herkommt, kann die Tür zur ewigen Wirklichkeit öffnen. Und aus diesem Grund kam er – der ewige „Ich-bin“ – nach unten, um uns das Oben zu öffnen und uns mitzunehmen auf die Reise in den Himmel.

Jesus Christus breitete seine Arme aus und sagte: *„Wer von diesem Brot isst, wird leben in Ewigkeit.“* Wer ihn also in sein Innerstes, in sein Herz, aufnimmt, der nimmt die Ewigkeit auf. Und um Ewigkeit geben zu können, hat er sich selbst gegeben – ans Kreuz gegeben – in den Tod gegeben, um uns vom Tod zu befreien.

56 Wie Gott Sie will

So halten wir nun dafür, ***dass der Mensch gerecht wird*** *ohne des Gesetzes Werke, allein durch den Glauben.* (Römer 3,28)

Diese Verheißung beginnt mit dem griechischen Begriff *logizomai.* Unser deutsches Wort „Logik" ist davon abgeleitet. Die Verheißung – dass der Mensch gerecht wird, dass der Mensch so wird, wie Gott ihn haben will – kann darum auch so übersetzt werden: *„Es ist logisch, dass der Mensch gerecht wird ohne eigene Leistung, allein durch den Glauben."* Warum ist das logisch? Normalerweise erhalten wir doch nur etwas, wenn wir etwas dafür leisten. Schüler erhalten gute Noten, wenn sie gelernt haben. Arbeiter erhalten Geld, wenn sie gearbeitet haben. Das ist logisch! Es ist doch im höchsten Grad unlogisch, dass ein Schüler von seinem Lehrer voll akzeptiert wird, wenn er nichts lernt, und dass ein Chef einem Arbeiter auf die Schulter klopft, wenn dieser faul herumhängt. Warum aber können wir absolut sicher damit rechnen, dass der Mensch ohne Eigenleistung so werden kann, wie Gott ihn haben will?

„… und wir werden ohne Verdienst gerecht aus seiner Gnade durch die Erlösung, die durch Jesus Christus geschehen ist" (Römer 3,24). Jesus Christus hat für unsere Sünden – für alle unsere Unrichtigkeiten – bezahlt, bezahlt mit seinem Leben. Ein unglaublicher Preis. Dieser Preis wurde am Kreuz dadurch entrichtet, dass Jesus hingerichtet wurde. Wenn Jesus Christus für uns bezahlt hat, dann ist es logisch, dass wir nicht mehr bezahlen müssen, weder mit religiösen Opfern noch mit guten Taten.

Sie sind so, wie Gott Sie haben will, wenn Sie sich Jesus Christus anvertrauen. Und wer das tut, der wird dann nicht egoistisch die Hände in die Taschen stecken, sondern sich aus Dankbarkeit und Liebe einsetzen für andere – und das zur Ehre Gottes.

57 Der Rettungsplan

*Was ich sage, ist wahr und glaubwürdig: Christus Jesus kam in die Welt, **um Sünder zu retten**.* (1. Timotheus 1,15/Neues Leben Bibel)

Rettung ist ein Begriff, der nur dann verwendet wird, wenn es um Leben und Tod geht. Keiner wird mit einem Notfallwagen in ein Krankenhaus gebracht, wenn er sich in den Finger geschnitten hat. Und Husten ist kein Grund, um einen Rettungshubschrauber anzufordern.

Die Bibel beschreibt auf vielen Seiten die fatale Lage der Menschheit. Sie ist verschüttet unter einem riesigen Schuttberg von Sünde (Römer 3,10-18). Sie wird mitgerissen auf einem Fließband, das in der Hölle endet (Matthäus 7,13). Sie befindet sich in einem Raumschiff, das völlig außer Kontrolle geraten ist (Jesaja 60,2). Seitdem Adam und Eva, unsere Voreltern, sich von Satan verführen ließen und dabei Gott und das Paradies verloren haben, ist Rettung das zentrale Thema für uns Menschen.

Brennpunkt der universalen Rettungsaktion war das Kommen des Sohnes Gottes auf unseren Planeten. Alles, was Jesus Christus tat (und noch tut!), hat das Ziel, uns zu retten. Er selbst sagte: *„Ich bin gekommen, … dass ich die Welt rette"* (Johannes 12,47). Es war Gottes Rettungsplan, dass Jesus Christus die Sünden der Welt tragen sollte. Dazu musste er bereit sein, die Strafe für die Sünde auf sich zu nehmen – den Tod. Das geschah, als Jesus Christus am Kreuz von römischen Legionären hingerichtet wurde. Sein Ruf im Sterben – *„Es ist vollbracht"* – ist das Siegel dieses Rettungseinsatzes. Jetzt kann er Sünder retten und ihnen ewiges Leben geben. Für jeden, der seine Sünden bekennt und sich Jesus Christus anvertraut, steht nun der Himmel offen.

Die Verheißung des Tages beginnt mit den Worten: *„Das ist wahr und glaubwürdig."* Sie können sich also jetzt und in der Ewigkeit darauf berufen.

58 Sind Sie vergebungsbereit?

Denn wenn ihr den Menschen ihre Verfehlungen vergebt, ***so wird euch euer himmlischer Vater auch vergeben.*** (Matthäus 6,14)

Diese Verheißung fügte Jesus Christus an das Vaterunser an. Sie ist eine Auslegung und eine Unterstreichung der Gebetsbitte „*Und vergib uns unsere Schuld, wie auch wir vergeben unseren Schuldigern*" (Matthäus 6,12). Um die Wichtigkeit der Vergebungsbereitschaft noch herauszustellen, sagte Jesus dann: „*Wenn ihr aber den Menschen nicht vergebt, so wird euch euer Vater eure Verfehlungen auch nicht vergeben*" (Matthäus 6,15).

Ein solcher Satz fordert automatisch zur Selbstprüfung auf. Die Frage ist: Sind Sie bereit, denen zu vergeben, die an Ihnen schuldig geworden sind – Ehepartner, Eltern, Geschwister, Verwandte, Lehrer, Schüler, Kollegen, Vorgesetzte, Nachbarn? Aus vielen Seelsorgegesprächen weiß ich, dass Menschen unglaublich starke Verletzungen zufügen können. Aber bedenken Sie, dass es einen untrennbaren Zusammenhang zwischen Ihrer Vergebung durch Gott und Ihrer Bereitschaft zu vergeben gibt und dass von Ihrer Vergebungsbereitschaft Ihre Ewigkeit abhängt. Wenn Sie zur Vergebung bereit sind, wird auch Gott Ihnen vergeben – so hat es Jesus Christus gesagt. Aus Erfahrung weiß ich, wie befreiend es ist, wenn jemand den Satz über seine Lippen bringt: „Herr Jesus Christus, in deinem Namen vergebe ich alles, was (hier wird der Name genannt) mir angetan hat." Was würde das für eine Welle der Befreiung, der inneren Heilung und der Liebe auslösen, wenn alle Nachfolger von Jesus Christus so zur bedingungslosen Vergebung bereit wären? Machen Sie diesen Tag zu einem Tag der Vergebungsbereitschaft. Sie selbst werden dabei der Gewinner sein.

59 „Ich will“

Ich will dich nicht verlassen noch von dir weichen. (Josua 1,5)

Wenn das der Gott des Universums sagt, der allmächtig, allgegenwärtig und allwissend ist, dann kann ja im Leben nichts schief gehen. Sind Sie auch der Überzeugung? Dann kann kommen, was will: Gott ist immer noch stärker, noch näher, noch tiefer als alle zerstörerischen Mächte. Er ist die Garantie für Geborgenheit und Hilfe, was immer auch geschieht. Das ist kein Versprechen für eine ständige grüne Welle, für goldene Berge und für Rosen ohne Ende – aber es ist das Versprechen der Liebe, die Nähe gibt und Halt.

Ich möchte es für mein Leben bekennen: Dies habe ich in den über fünfzig Jahren meiner persönlichen Biografie mit Jesus Christus so oft und so erstaunlich erlebt. Es hatte in einer Nacht kurz nach meiner Entscheidung für Jesus Christus begonnen, als mich eine schreckliche dämonische Macht überfiel. Doch plötzlich war der Herr da und Satan musste weichen.

„Ich will dich nicht verlassen noch von dir weichen“ – das habe ich erlebt, als Gott mich in den vollzeitlichen Dienst rief. Ich hatte nur den Hauptschulabschluss. Aber im Vertrauen sagte ich Ja. Und Gott hat mich im Studium nicht verlassen, und er stand mir bei im pastoralen Dienst und ließ mich eine Welle der Erweckung erleben.

„Ich will dich nicht verlassen noch von dir weichen“ – erfuhr ich dann als Evangelist in Hallen und Zelten, auf der Reeperbahn in St. Pauli, in Diskos und Universitäten.

„Ich will dich nicht verlassen noch von dir weichen“ – erlebe ich jetzt nach dem Heimgang meiner lieben Frau und inmitten einer medizinisch unheilbaren Krankheit. Es öffnen sich erstaunliche Türen der Hilfe.

„Ich will“ – spricht der Gott, der sich in Jesus Christus offenbart hat – und mit diesem *„Ich will“* will ich rechnen.

60 Sag dem Sorgengeist, dass er gehen kann!

Darum sorgt nicht für morgen, ***denn der morgige Tag wird für das Seine sorgen***. (Matthäus 6,34)

Der Begriff „sorgen“ kommt in diesem Abschnitt der Bergpredigt, in dem es um die alltäglichen Dinge des Lebens geht, sechsmal vor. Fünfmal fordert uns Jesus in immer wieder neuen Redewendungen auf, nicht zu sorgen. Er sagt: *„Sorgt nicht um euer Leben, was ihr essen und trinken werdet.“* Oder: *„Warum sorgt ihr euch um die Kleidung?“* Oder: *„Darum sollt ihr nicht sorgen.“* Und in der bereits genannten Verheißung sagt er: *„Darum sorgt nicht für morgen.“* Dabei redet Jesus nicht einer unverantwortlichen Gleichgültigkeit das Wort. Wir würden ihn also missverstehen, wenn wir ohne zu arbeiten einfach so in den Tag hineinleben würden in der Hoffnung, dass das nötige Geld schon irgendwo herkommt.

Hier müssen wir unterscheiden: Es gibt ein berechtigtes „Sorgen“. Solches Sorgen liegt etwa dem Begriff „Fürsorge“ zugrunde. Und es gibt ein ungesundes „Sorgen“, das mit dem Begriff „Sorgengeist“ verbunden werden kann. Es ist die Sorge um die Zukunft. „Werde ich meine Arbeitsstelle verlieren? Was ist, wenn ich einmal ernstlich krank werde? Hoffentlich erleben meine Kinder keinen dritten Weltkrieg!“ Solche Sorgen entspringen dem Sorgengeist. Es ist das Sorgen, das mit Angst verbunden ist. Es sind, wie es in einem Sprichwort heißt, die „ungelegten Eier“, die Dinge, die heute nicht relevant ist. Dieses Sorgen raubt Lebenskräfte und sieht das Dankenswerte des heutigen Tages nicht mehr. Darum hat das Jesus Christus geradezu provozierend ausgedrückt: *„… der morgige Tag wird für das Seine sorgen.“* Er wollte damit sagen: „Lebe im Heute! Danke für Heute! Freue dich heute! Was die Zukunft angeht, so kannst du mir vertrauen!“ Das ist Grund genug, dem Sorgengeist eine entschiedene Absage zu erteilen.

61 Endlich frei!

Wer Sünde tut, der ist der Sünde Knecht. (...) ***Wenn euch nun der Sohn frei macht, so seid ihr wirklich frei.*** (Johannes 8,34.36)

Zum ersten Mal wird der Begriff „Sünde" in 1. Mose 4 genannt. Gott sprach zu Kain, bevor der seinen Bruder ermordet hat: *„Die Sünde lauert vor der Tür, und nach dir hat sie Verlangen"* (Vers 7).

Denken Sie einmal über den Begriff „lauern" nach. Welche Bilder kommen Ihnen dabei in den Sinn? Vielleicht das Bild eines wilden Tieres, das auf seine Beute lauert? Oder ein Einbrecher, der in der Dunkelheit auf einen günstigen Augenblick lauert, um ins Haus zu gelangen? In jedem Fall geht es um eine Macht, die einen Willen hat und die etwas erreichen will. Sünde ist also nicht nur ein Fehlverhalten, sondern es steckt immer auch eine Macht dahinter.

Die Bibel informiert uns über diese Macht. Es ist Satan. Er lauerte zum ersten Mal im Paradies auf eine Gelegenheit, um den Menschen zu verführen, und lauert bis heute jedem auf. Dabei ist es sein Ziel, den Menschen zu seinem Sklaven zu machen – so hat es Jesus ausgedrückt: *„Wer Sünde tut, der ist der Sünde Knecht"* (im Grundtext „Sklave"). Auch diese Aussage – *„der Sünde Knecht"* – weist also auf die Sünde als Sklavenhalter hin.

Es gibt Bereiche, wo die Herrschaft der Sünde besonders deutlich wird. Drei seien hier beispielhaft genannt: Sexualität – „Ich kann nur noch unterhalb der Gürtellinie denken"; Geld – „Bei mir dreht sich alles ums Geld"; Magie – „Kartenlegen und Horoskope sind meine Führer." Nein – keiner muss ein Sklave dieser Leidenschaften bleiben. Es gibt einen vollmächtigen Befreier: Jesus Christus. Er hat Satan und die Sünde besiegt. Wer ihm seine Bindungen bekennt und sich an ihn bindet – erlebt vollmächtige Befreiung.

62 Mehr als Streicheleinheiten

Selig sind, die da Leid tragen; ***denn sie sollen getröstet werden.*** (Matthäus 5,4)

Die große Rede, die Jesus Christus auf einem Berg gehalten hat, beginnt mit den so genannten Seligpreisungen. Immer wieder hat Jesus Christus dabei die Redewendung „*Selig sind* …" gebraucht. Aus dem griechischen Grundtext übersetzt kann es auch heißen: „*Glücklich sind* …".

In der oben angeführten Verheißung nennt Jesus die Menschen glücklich, die das Leid tragen. Dabei liegt der Akzent auf dem Begriff „*tragen*". Man kann nämlich auch mit allen Mitteln versuchen, dem Leid aus dem Weg zu gehen. Oder man kann das Leid verdrängen, sich gegen das Leid rebellierend zur Wehr setzen oder auch das Leid als blindes Schicksal unbeteiligt über sich ergehen lassen. Aber das alles sind Reaktionen, die nicht glücklich machen, die nicht innerlich heilen und die uns letztlich vom Trost Gottes trennen.

Das Leid tragen heißt: Ich nehme leidvolle Führungen und leidvolle Ereignisse aus der Hand Gottes an. Ich spreche dann nicht vom Schicksal oder von einem Unglück oder von Pech, sondern ich weiß, dass Gottes Hand mich über und in meinem Leben führt und umgibt. Das kann ich natürlich nur, wenn ich mich Jesus Christus anvertraut habe, wenn ich mit ihm lebe und mich ihm täglich neu zur Verfügung stelle. Wer das tut, der darf dann auch mit seinem Trost rechnen. Und er darf wissen, dass sein Trost keine billigen Streicheleinheiten sind, keine oberflächlichen Beschwichtigungen, keine bloßen Worte. Wer das Leid aus der Hand des Herrn annimmt, der darf wissen, dass Jesus Christus ihn tief und heilend in seinem Herzen berühren wird und ihn darum auch im Leid glücklich macht – so hat er es versprochen. Sagen Sie es ihm, dass Sie bereit sind, dieses „*Leid zu tragen*".

63 Geistliche Ausstrahlung

Wer an mich glaubt, wie die Schrift sagt, ***von dessen Leib werden Ströme lebendigen Wassers fließen. Das sagte er*** (Jesus) ***aber von dem Geist, den die empfangen sollten, die an ihn glaubten.*** (Johannes 7,38-39)

Ein eindrückliches Bild: *„Ströme lebendigen Wassers"*. Kein ausgetrocknetes Flussbett. Nicht nur ein Rinnsal oder ein kleiner Bach. Jesus redet hier von Strömen, von großen Flüssen wie dem Mississippi, dem Nil oder dem Rhein. Ströme, die ein Land bewässern, die auch Lasten tragen.

Wo Wasser fließt, da grünt und blüht es. Wo Wasser fließt, wachsen Früchte. Wo Wasser fließt, können sich Menschen reinigen und erfrischen. Wo Wasser fließt, wird der Durst gestillt. Wo Wasser fließt, ist Leben. Und dieses Bild wendet Jesus Christus auf die an, die ihm vertrauen, die ihm nachfolgen. Er erklärt, dass von diesen Menschen *„Ströme lebendigen Wassers fließen"*. Nein, Christen sollen und müssen kein ausgetrocknetes Flussbett sein. Sie können Frische und Kraft verbreiten. Sie können Frucht bringen. Sie können eine Quelle sein, deren Wasser zu einem Strom wird.

Was ist das für ein *„lebendiges Wasser"*, von dem Jesus hier spricht? Hören Sie die Antwort: *„Das sagte Jesus aber von dem Geist, den die empfangen sollten, die an ihn glauben."* Wer an Jesus Christus glaubt, sich ihm anvertraut, mit ihm lebt, empfängt den Heiligen Geist. Und von dieser dritten Person Gottes sollen wir erfüllt sein, das schreibt der Apostel Paulus: *„Lasst euch vom Geist erfüllen!"* (Epheser 5,18). Nur von Menschen, die dem Heiligen Geist in Ihrem Leben Raum geben, kann der Strom des Heiligen Geistes fließen. Rechnen Sie heute mit dem Heiligen Geist, mit seiner Kraft und mit seiner Liebe – und Sie werden erleben, dass das Auswirkungen in Ihrer Umgebung hat.

64 „Arm nehmen“

***Der Herr ist nahe denen**, die zerbrochenen Herzens sind, **und hilft denen**, die ein zerschlagenes Gemüt haben.* (Psalm 34,19)

Mich hat es immer sehr bewegt, wenn unsere zweijährige Enkeltochter vor ihrer Mutter stand, ihre Händchen zu ihr emporhielt und zu ihr sagte: „Arm nehmen.“ In ihrer ganzen Haltung, in ihrer Stimme und in ihren Augen war die Sehnsucht nach Nähe zu erkennen. Und sie war erst dann zufrieden, wenn die Mutter sie hochhob und an sich drückte. Besonders dramatisch waren ihre Gesten und ihr Rufen, wenn sie sich wehgetan hatte. Dann versiegten ihre Tränen nur in den Armen der Mutter.

„Der Herr ist nahe denen …“ und *„… hilft denen“*, so lesen wir in der Verheißung des Tages. Wer sich Jesus Christus anvertraut hat, der sehnt sich nach seiner Nähe. Er betet, weil er Jesus Christus nahe sein will. Er liest die Bibel, weil er Jesus Christus nahe sein will. Er tut seinen Willen, weil er Jesus Christus nahe sein will. Er hat ein Verlangen nach dieser Nähe.

Wem verspricht nun der Herr Jesus Christus in besonderer Weise seine Nähe und damit auch seine Hilfe? Der Psalmtext antwortet: *„die zerbrochenen Herzens sind“* und *„die ein zerschlagenes Gemüt haben“*. Das sind Menschen, die an sich selbst zerbrochen und zerschlagen sind – an ihrem fehlerhaften Charakter, an ihrem immer wieder durchbrechenden Egoismus. Sie haben das erkannt, was in einem Lied so ausgedrückt wird: *„Nichts hab ich zu bringen. Alles, Herr, bist du.“* Ihre Schwäche, die sie dann erkannt haben, ist dann zu ihrer Stärke geworden. Denn wem Gott nahe ist, auf dessen Seite ist ja der starke Gott, der helfen, durchtragen und verändern kann. Haben Sie dieses *„zerbrochene Herz“* und dieses *„zerschlagene Gemüt“* schon erlebt? Das ist die Voraussetzung, um auch dieses wunderbare *„Arm nehmen“* der ewigen Liebe zu erfahren.

65 Gottes Arbeit geht tiefer

Er aber selbst, der Gott des Friedens, heilige euch durch und durch. … Treu ist er, der euch ruft; ***er wird's auch tun.*** (1. Thessalonicher 5,23-24)

Heiligung ist keine religiöse Oberflächenreparatur. Was Gott tut, das tut er immer „*durch und durch*". Ich erinnere mich an eine Zeit in meinem Leben, da wollte ich mich selbst heiligen. Ich wollte freundlich sein und liebevoll, ich wollte fehlerlos sein. Ich bügelte ständig an mir herum. Äußerlich veränderte sich dabei manches, aber in meinem Innern blieb ich der Gleiche. Ich hatte lediglich die Fassade ein wenig renoviert, doch konnte ich mein Herz nicht verändern. Als mir das schmerzlich bewusst wurde, habe ich Jesus Christus als meinen Erlöser angenommen. Und damit begann der Prozess der Heiligung.

„*Durch und durch*", das macht hier deutlich, dass der Charakter des Menschen viele Schichten hat. Eine Schicht nach der anderen soll im Prozess der Heiligung durchdrungen und Jesus ähnlich gemacht werden. Da ist zum Beispiel der weite Bereich unseres Denkens – Fantasie, Gedächtnis und Konzentrationsfähigkeit. Da ist unser Wille, vor allem die Fähigkeit, Entscheidungen zu treffen. Und dann der Raum unserer Gefühle. Der Gott des Friedens will das alles durch und durch heiligen.

Dabei ist es sicher nicht nur eine bloße Formel, wenn diese Verheißung mit den Worten beginnt: „*Er aber, der* Gott des Friedens, *heilige euch* …" Es soll damit gesagt werden, dass Gott alles in Ihnen mit seinem Frieden erfüllen will. Dadurch sollen Sie zu einem Menschen des Friedens werden, zu einem Menschen, der Ruhe ausstrahlt und Geborgenheit vermittelt. Und diese Heiligungsaussage wird unterstrichen und beglaubigt mit der Verheißung: „*Treu ist er, der euch ruft; er wird's auch tun*" – auch heute!

66 An Jesus hängen

Wer aber dem Herrn anhängt, ***der ist*** **ein** ***Geist mit ihm***. (1. Korinther 6,17)

Der Apostel Paulus gebraucht im Umfeld der heutigen Verheißung einen schockierenden Vergleich. Er schreibt: *„Wer sich an die Hure hängt, der ist* ein *Leib mit ihr."* Jede sexuelle Beziehung macht mit dem eins, dem man sich sexuell hingibt. Das kann positiv und auf eine wunderbare Weise in der Ehe geschehen, aber es kann auch negativ sein, wenn Menschen sich vor oder außerhalb der Ehe sexuell verbinden. Darum fordert die Bibel auf: *„Flieht die Hurerei!"* (1. Korinther 6,18). Hier aber wendet nun der Apostel Paulus diese körperliche Einheit in geistlicher Weise auf die tiefe und innige Beziehung zu Jesus Christus an, indem er schreibt: *„Wer aber dem Herrn anhängt,* der ist *ein* Geist mit ihm." Wie oft habe ich schon diese Bitte in meiner persönlichen Gebetszeit ausgesprochen: „Herr Jesus Christus, ich möchte heute wieder ein Geist mit dir sein. Ich möchte an dir hängen mit allen Fasern meines Herzens, mit meinem Denken und Fühlen, mit meinem Willen und Tun." Dabei muss der Ausdruck *„anhängen"* richtig eingeordnet werden. Gemeint ist eine *organische* Verbindung, keine *organisierte* Verbindung. Nehmen wir als Vergleich dazu Auge und Brille. Das Auge ist organisch mit dem Körper verbunden, eine Brille nur organisiert. Jeder, der wiedergeboren ist, ist von diesem Augenblick an organisch mit Jesus verbunden. Die Bibel sagt: *„Wir sind Glieder seines Leibes"* (Epheser 5,30). Es geht also, wenn es darum geht, dem Herrn *„anzuhängen"*, nicht um eine organisierte Mitgliedschaft in einer Kirche, sondern um die Bindung an die Person Jesus Christus, eben ein „Hängen an ihm". Wer ihm anhängt, ist aber kein passives Anhängsel. Diese Verheißung spricht auch und vor allem unseren Willen an, wenn sie sagt: *„Wer aber dem Herrn anhängt."* Dabei geht es um eine immer wieder neue Hingabe an Jesus Christus. Tun Sie das doch auch heute mit tiefem Verlangen.

67 Mehr als nur überleben

*Ich bin gekommen, **damit sie das Leben und volle Genüge haben sollen**.* (Johannes 10,10)

Bei einer Evangelisation in der Schweiz zeigte mir der Pastor das neu gebaute große Gemeindezentrum. Am Ende führte er mich nach unten und öffnete eine dicke, mit Beton ausgefüllte Stahltür. „Das ist unser Atombunker", erklärte er. „Platz und Sicherheit für zweihundert Personen. Im Ernstfall sind wir hier geborgen." „Nein, danke", dachte ich. Das ist ja dann kein Leben mehr. Ringsherum verbrannte und verstrahlte Erde – und hier unten Menschen, die überlebt haben.

Überleben ist kein Leben. Jesus Christus verspricht in dieser Verheißung genau das Gegenteil. *„Leben und volle Genüge"* will er denen geben, die sich ihm anvertrauen. Um falsche Vorstellungen abzubauen, muss erklärt werden, dass es dabei nicht um ein Leben in Saus und Braus geht, um eine steile Karriere, um ein dickes Bankkonto oder unverwüstliche Gesundheit. Wenn Jesus das gemeint hätte, hätte der Apostel Paulus mit seinem Leben kräftig daneben gelegen. Immerhin hat er einige Jahre um Jesu willen im Gefängnis verbracht. Von Hunger und Durst, von Mühe und Arbeit ist in seinen Briefen die Rede (2. Korinther 11,23-27). Hat sich in seinem Leben diese Verheißung von *„Leben und vollem Genüge"* nicht erfüllt?

Lassen wir ihn hierzu selbst zu Wort kommen! Er schreibt: *„Darum bin ich guten Mutes in Schwachheit, in Misshandlungen, in Nöten, in Verfolgungen und Ängsten um Christi willen; denn wenn ich schwach bin, so bin ich stark"* (2. Korinther 12,10). Das ist *„Leben und volle Genüge"*, wenn jemand auch in Bedrängnissen *„guten Mutes"* ist. Das ist innerliche Gesundheit, innerlicher Reichtum, innerliche Stärke und innerlicher Überfluss. Jesus Christus verspricht es allen, die ihm vertrauen.

68 Die Gebetsverheißung

Was ihr bitten werdet in meinem Namen, ***das will ich tun****, damit der Vater verherrlicht werde im Sohn.* (Johannes 14,13)

Mit dieser Verheißung ermutigt uns Jesus Christus, unsere Bitten vor ihm auszusprechen. Dabei sollen wir auf zwei Dinge besonders achten. Erstens: Dass wir die Gebete in seinem Namen sprechen, meint zweierlei: Zum einen geht es um die persönliche Beziehung zu ihm. Jesus Christus darf für uns kein Fremder sein, kein Unbekannter. Er muss unser Freund und unser Herr sein, zu dem wir eine vertrauensvolle Beziehung haben. Und zum anderen bedeutet es auch, dass wir Bitten aussprechen, die mit seinem Willen und seinen Plänen übereinstimmen.

Die andere entscheidende Aussage dieser Verheißung, die zu beachten ist, damit unsere Gebete erhört werden, wird mit dem Wort *„damit"* eingeleitet: „*... damit der Vater verherrlicht werde im Sohn.*" Das muss der Fokus aller Gebetserhörungen sein: Der Vater und der Sohn sollen dadurch geehrt werden. Wenn Gott unsere Gebete erhört, dann sollen wir uns nicht auf die Schulter klopfen und das unserer Frömmigkeit zuschreiben, sondern wir sollen unübersehbar auf Gott hinweisen.

Ein junger Mann, der ein besonderes Gebetsanliegen hatte, schrieb einmal: „Bitte bete dafür, dass Gott das Unmögliche möglich macht. Dabei geht es mir nicht nur darum, dass mein Gebet erhört wird, sondern dass Gott in seiner Größe sichtbar wird." Das ist genau das, was Jesus gemeint hat, als er sagte: *„damit der Vater verherrlicht werde im Sohn."* In dieser Grundhaltung dürfen Sie vertrauensvoll alle Bitten vor Jesus Christus aussprechen und sich dabei auf seine Zusage berufen: „*... das will ich tun.*"

69 24 Stunden Sicherheit

Ich liege und schlafe ganz mit Frieden; ***denn allein du, Herr, hilfst mir, dass ich sicher wohne.*** (Psalm 4,9)

Zugegeben: Wenn Sie diesen Vers am Morgen lesen, könnte er Ihnen für den Tag unpassend erscheinen. Aber das, was Gottes Wort hier für die Nacht verspricht, gilt schließlich im Kern auch für den Tag, denn es geht ja um das Thema „Sicherheit".

Unser Leben ist vielseitig bedroht. Die Angst ist bei vielen ein ständiger Begleiter. Darum werden Versicherungen abgeschlossen und Häuser und Wohnungen mit Alarmanlagen ausgerüstet. Für den, dem das noch nicht reicht, gibt es Wahrsager, die versprechen, dass sie Einblicke in die Zukunft geben können. Bei schlechten Prognosen könnte man also Vorsorge treffen. Allerdings sind gerade solche „Vorsorgemaßnahmen" lebensgefährliche Absicherungen, weil sich dadurch der Mensch unbewusst den Geistern öffnet, deren Chef Jesus einen *„Mörder von Anfang an"* nennt (Johannes 8,44).

Wie ganz anders ist es, wenn sich jemand Jesus Christus, dem Sohn Gottes, anvertraut, sein Leben mit Vergangenheit, Gegenwart und Zukunft in seine Hände legt. Der kann mit letzter Sicherheit sagen: *„... allein du, Herr, hilfst mir, dass ich sicher wohne."* Und beachten Sie dabei die Worte *„allein du"*. Es gibt letztlich keine andere Sicherheit als die starke Hand des Erlösers. Das ist der Schutz, der für Zeit und Ewigkeit gilt. Wenn der, der sein Leben für uns zum Opfer gab, Sie umgibt, dann wohnen Sie sicher, dann können Sie sicher ruhen und sicher in jeden neuen Tag gehen. Bei Jesus Christus gibt es an jedem Tag 24 Stunden Sicherheit. Machen Sie sich das heute neu bewusst: *„Du, Herr, hilfst mir, dass ich sicher wohne."* Vielleicht sollten Sie diese Verheißung gerade jetzt hörbar aussprechen und sie mit einem „Danke" bekräftigen.

70 Markenzeichen: Liebe

Daran wird jedermann erkennen, dass ihr meine Jünger seid, *wenn ihr Liebe untereinander habt.* (Johannes 13,35)

Woran werden Menschen erkennen, dass wir Schüler von Jesus sind? Jesus selbst gibt die Antwort: *„an der Liebe, die ihr untereinander habt."* An der Liebe zu den Brüdern und Schwestern in der Gemeinde. An der Liebe zu den Brüdern und Schwestern in den Nachbargemeinden – und an der Liebe zu allen Christen, wo auch immer uns Menschen begegnen, die sich als Nachfolger von Jesus zu erkennen geben.

Jesus sagt nicht, dass die Menschen uns als seine Nachfolger daran erkennen, dass wir ein großes Bibelwissen haben – obwohl ich überzeugt bin, dass wir uns noch viel mehr mit Gottes Wort beschäftigen sollten. Auch ist es nicht unser missionarischer Eifer, der uns als wahre Jünger unseres Herrn auszeichnet – obwohl Evangelisation und Mission heute in unserem Land nötiger sind als je zuvor. Jesus sagt auch nicht, dass Kirchentreue ein Erkennungszeichen sei. Das Erkennungszeichen, das Jesus nennt, ist die untereinander herrschende Liebe. Liebe, echte Liebe, fällt auf, lässt aufhorchen, zieht an. Von der Urgemeinde in Jerusalem berichtet die Bibel: *„Die Menge der Gläubigen aber war ein Herz und eine Seele"* (Apostelgeschichte 4,32).

Als ich in meiner ersten Gemeinde eine Erweckung erlebte, Hunderte von jungen Menschen sich für ein Leben mit Jesus entschieden, war die Liebe untereinander das, was viele andere anzog. Es war bewegend zu erleben, wie sich junge und ältere Christen umarmten, miteinander beteten und jede Gelegenheit nutzten, um zusammen zu sein. Tragen Sie dazu bei, dass die Liebe untereinander das Markenzeichen in Ihrer Gemeinde wird.

71 Vollmacht pur

Denn wahrlich, ich sage euch: Wenn ihr Glauben habt wie ein Senfkorn, so könnt ihr sagen zu diesem Berge: Heb dich dorthin!, ***so wird er sich heben; und euch wird nichts unmöglich sein***. (Matthäus 17,20)

Das ist eine atemberaubende Verheißung, die mit der Zusage endet: „*... euch wird nichts unmöglich sein*". Ich nenne es „Vollmacht pur". Kann ich mich auf dieses „*euch wird nichts unmöglich sein*" wirklich verlassen?

Ja, wenn man Folgendes beachtet: Erstens hat das Jesus Christus gesagt, der Sohn Gottes, dem „*alle Macht ... im Himmel und auf der Erde*" gegeben ist. Zweitens hat es Jesus ausschließlich zu seinen Jüngern gesagt. Das ist also keine Verheißung, die jeder einfach in Anspruch nehmen kann. Sie ist nur für die bestimmt, die Jesus Christus nachfolgen, und nachfolgen heißt: Sekunde um Sekunde mit ihm unterwegs sein, im Alltag und am Sonntag, immer und überall, und ihm auch, eben wie Jünger, zur Verfügung stehen.

Und beachten Sie dann auch drittens das wichtige „*so*", das Jesus in der Mitte der Verheißung spricht: „*Wenn ihr Glauben habt wie ein Senfkorn,* so ... *wird euch nichts unmöglich sein.*" Ein Senfkorn ist ein winziger Same, aber er ist lebendig, er enthält die Kraft, eine mächtige Pflanze hervorzubringen. Lebendiger Glaube ist gefragt. Toter Kopfglaube wird in der persönlichen Beziehung zu Jesus Christus zu einem lebendigen Herzensglauben. Und Herzensglaube ist kein egoistischer Glaube, es ist Glaube, der die Ausbreitung des Reiches Gottes im Auge hat. Wenn es Ihnen um Jesus Christus und um seine Sache geht und wenn Sie im Willen Gottes leben und handeln, dann wird Ihnen nichts unmöglich sein. Das ist Vollmacht zur Ehre Gottes.

72 Zeugen für Jesus

Ihr werdet die Kraft des Heiligen Geistes empfangen*, der auf euch kommen wird, und* ***werdet meine Zeugen sein*** *in Jerusalem und in ganz Judäa und Samarien und bis an das Ende der Erde.* (Apostelgeschichte 1,8)

„Ihr“ - damit hat Jesus Christus, der auferstandene Herr, seine Jünger angesprochen. Er versicherte ihnen, dass sie eine Kraft bekommen würden, mit der sie seine Zeugen sein können – gegen alle Widerstände, gegen alle Verleumdung, gegen alle Ablehnung. Eine neue Kraft und eine unbesiegbare Kraft hat er ihnen versprochen, die Kraft des Heiligen Geistes. Durch diese Kraft würden sie Vollmacht erhalten, die Vollmacht, in geistlicher Überlegenheit von Jesus Christus zu sprechen, dem für die Sünde der Welt gekreuzigten und für die Rettung der Welt auferstandenen Herrn.

Diese Vollmacht, Zeugen für Jesus Christus zu sein, brauchten nicht nur die Jünger damals, diese Vollmacht brauchen auch wir, die Jünger und Jüngerinnen des 21. Jahrhunderts. Wir brauchen sie in unserem Land, das zum Missionsland geworden ist. Wir brauchen sie in unserer Nachbarschaft, in der so viele Menschen ohne eine persönliche Beziehung zu Jesus Christus leben. Wir brauchen sie in Schule, Universität und Beruf, wo die meisten keine Kenntnis mehr von Jesus Christus haben oder, was noch schlimmer ist: falsche Informationen über Jesus und eine falsche Vorstellung vom Christsein. Bevollmächtigte Zeugen braucht unser Land und Sie sind, wenn Sie Jesus Christus als Retter und Herrn angenommen haben, dazu berufen. Öffnen Sie im Glauben den Mund für Jesus und rechnen Sie mit der Kraft des Heiligen Geistes, der in jedem wohnt, der zu ihm gehört. Diese übernatürliche Kraft kann die Tür zu den Herzen der Menschen öffnen.

73 Der Ruhepol

So lasst uns nun mit Furcht darauf achten, dass keiner von euch etwa zurückbleibe, solange die Verheißung noch besteht, dass wir zu seiner Ruhe kommen. Denn wir, die wir glauben, ***gehen ein in die Ruhe****.* (Hebräer 4,1.3)

Der Teufel ist wie ein Dompteur. Er hetzt den Menschen durch die Manege des Lebens. Events und Kicks sind dabei seine Anreize, damit wir Männchen machen und durch den Reifen springen. Alles muss laut und aufregend sein. Alles muss schnell und immer schneller werden. Nichts ist mehr beständig. Was heute „in" ist, ist morgen schon „out". Die meisten Menschen leben demzufolge nicht, sondern werden gelebt.

Vom genauen Gegenteil spricht aber diese Verheißung. Gott will, dass wir zur Ruhe kommen – und zwar zu *„seiner Ruhe"*. Das hat nichts mit Liegestuhl, Hängematte oder Strandkorb zu tun. *„Seine Ruhe"* ist nicht nur ein Ausruhen, ein begrenztes Sich-Zurückziehen vom Stress des Alltags. *„Seine Ruhe"* ist „die *Ruhe"*, wie es am Ende der Verheißung heißt. Es ist also eine ganz besondere Ruhe, es ist die Ruhe Gottes.

Vielleicht erinnern Sie sich an den Schöpfungsbericht und an die Aussage: *„Und Gott segnete den siebenten Tag und heiligte ihn, weil er an ihm ruhte von allen seinen Werken"* (1. Mose 2,3). Mit dieser Ruhe will Gott Sie beschenken. Es ist die Liebesgemeinschaft mit und in ihm, in der Sie alles geschenkt bekommen: Geborgenheit, Kraft, Freude, Hoffnung und Fülle. Sie *„gehen ein in die Ruhe Gottes"*, wenn Sie sich ihm völlig weihen – bis in die letzte Tiefe Ihrer Seele und Ihres Geistes. Sie *„gehen ein in die Ruhe Gottes"*, wenn Sie das von Herzen nachsprechen können: *„Wenn ich nur dich habe, so frage ich nichts nach Himmel und Erde"* (Psalm 73,25). Dann ruhen und arbeiten Sie in ihm, dann essen und trinken Sie in ihm, dann sprechen und schweigen Sie in ihm, dann lachen und weinen Sie in ihm. Jesus Christus ist dann der Ruhepol Ihres Lebens.

74 Volle Erstattung

***Und ich will euch die Jahre erstatten**, deren Ertrag die Heuschrecken, Käfer, Geschmeiß und Raupen gefressen haben.* (Joel 2,25)

Jahr um Jahr wurde die Ernte durch Ungeziefer vernichtet. Menschen hungern. Die Lage scheint hoffnungslos. Aber dann tritt Gott auf den Plan. Er verspricht eine Wende und er verheißt eine völlige Erstattung der Missernten. Für die kommenden Jahre wird ein reicher Ertrag vorausgesagt. Diese Verheißung kann auch auf einen Menschen übertragen werden, dessen Leben zerstört wurde, etwa durch starke Verwundungen in der Kindheit oder in der Teenagerzeit – Missbrauch, Verführung, okkulte Belastung, zerrüttete Familienverhältnisse. Das kann aber auch für einen Menschen gelten, der sein Leben selbst durch falsche Entscheidungen zerstört hat. Verlorene Jahre, verlorenes Leben. Aber Gott verspricht denen, die sich Jesus Christus anvertrauen, einen Neuanfang und er bietet nicht nur Vergebung an, sondern sogar Erstattung der Missernten unseres Lebens. Er will das zurückgeben, was durch Jahre hindurch vernichtet und weggerissen wurde. Viele Jahre begleitete mich als Evangelist eine ältere Frau. Sie stellte sich Jesus Christus zur Verfügung, nachdem sie in der Seelsorge von furchtbaren Ängsten befreit wurde. Die Ängste waren die Folge von okkulten Belastungen. Das alles hatte sie in der Entfaltung ihres Lebens behindert. Jesus Christus aber nahm nicht nur ihre Ängste weg, sondern er beschenkte sie darüber hinaus mit besonderer Vollmacht. Menschen, die durch Aberglaube, Zauberei und Magie unter den Bann dunkler Mächte gekommen waren, erlebten bei ihr in der Seelsorge Befreiung. In den folgenden Jahren erstattete ihr Jesus Christus überreich alles, was Satan ihr in mehr als dreißig Jahren geraubt hatte.Diese göttliche Erstattung gilt auch für Sie, wenn Sie in gewissen Bereichen des Lebens beraubt wurden. Geben Sie sich Jesus Christus darum ganz hin. Heute kann für Sie ein Tag einer solchen göttlichen Erstattung sein.

75 Jesus bekennen

*Wer nun mich bekennt vor den Menschen, **den will ich auch bekennen vor meinem himmlischen Vater.*** (Matthäus 10,32)

Mir war es vom ersten Tag meiner Entscheidung für Jesus Christus an klar, dass ich mich zu ihm bekennen muss. „Muss" ist dabei allerdings der falsche Begriff – ich *wollte* es, ich wollte mich klar auf seine Seite stellen. Damals arbeitete ich in einem Textilbetrieb. In der Mittagspause klopfte ich in der Kantine an meine Tasse, stand auf und berichtete, dass ich eine Entscheidung getroffen habe, mit Jesus Christus zu leben. Ich sagte einige erklärende Worte, las noch die biblische Losung des Tages und setzte mich wieder. Ich habe das als Neunzehnjähriger nicht einfach so cool getan. Es kostete mich Überwindung.

Jesus Christus hat sich dann in den kommenden Monaten dazu bekannt. Ältere Mitarbeiter kamen auf mich zu und sprachen mit mir über ihre Probleme. Mein Bekenntnis zu Jesus begann also nicht als Pastor auf der Kanzel, sondern als Arbeiter in der Kantine.

„*... den will ich auch bekennen vor meinem himmlischen Vater.*" Wunderbar, wenn Jesus Christus, der zur Rechten am Thron Gottes ist, sich zu Ihnen vor seinem Vater bekennt. Wunderbar, wenn Jesus Christus sagt: „Das ist mein Nachfolger (oder meine Nachfolgerin). Er (oder sie) gehört zu uns." Dann steht Ihnen das Herz des Vaters ganz offen. Dann liegt seine Hand segnend auf Ihrem Leben. Dann wird er Sie mit dem beschenken, was Sie täglich brauchen.

„Du hast mein Leben so reich gemacht" – heißt es in einem Lied. Das können alle nachsprechen, die sich mutig auf die Seite von Jesus stellen. Ich ermutige Sie, die Gelegenheiten, die Ihnen heute geschenkt werden, sich zu Jesus zu bekennen, zu nutzen. Sie sind dabei immer der Beschenkte, gleichwie Menschen auch reagieren mögen.

76 Die große Glocke

*Wenn du aber Almosen gibst, so lass deine linke Hand nicht wissen, was die rechte tut, damit dein Almosen verborgen bleibe; und dein Vater, der in das Verborgene sieht, **wird dir's vergelten**.* (Matthäus 6,3-4)

Kennen Sie auch solche Leute, die ihre guten Taten an die „große Glocke" hängen? Möglichst viele sollen es sehen oder hören, dass sie die kranke Nachbarin besucht und der alten Tante den Rasen gemäht haben, ein Waisenkind in Pakistan unterstützen und, und, und. Aber ehrlich gesagt, jeder von uns hat doch dazu die Neigung.

Es ist schon aufregend, wie Jesus Christus dieses Thema offen zur Sprache brachte und eines dabei klar herausstellte: Der Vater im Himmel wird nur das vergelten, was wir im Verborgenen getan haben – das aber wird er belohnen. Bei diesem Gedanken jedoch, dass Gott belohnen wird, besteht aber auch eine Gefahr. Sie hat ein anderes Gesicht, aber sie ist genauso verwerflich wie das Hängen an die „große Glocke". Die Gefahr ist, dass der, der Gutes tut, dabei auf den Lohn schielt. Beides ist eine Fehlhaltung, und davor kann uns nur eines bewahren: Liebe!

Ich erinnere mich noch genau an ein Lied, das eine Gitarrengruppe am Anfang meiner ersten Bibelstunde in der Gemeinde gesungen hat, mit der ich als zwanzigjähriger Gemeindepraktikant meinen Dienst begann: „Nur was getan ist aus Liebe zu Jesus, nur dieses bleibt und wird ewig bestehn." Es berührte damals ganz stark mein Herz und ich betete: „Herr Jesus Christus, ich will aus Liebe zu dir dir und den Menschen dienen." Das habe ich zwar nicht immer durchgehalten, aber es war der Grundton meines Herzens. Und Jesus Christus hat mich über alles Erwarten reich belohnt. Er hat mich aus der Enge eines Schmalspurlebens in die Weite des Reiches Gottes geführt.

77 Absolut freigesprochen

Wenn wir uns selber richteten, ***so würden wir nicht gerichtet.*** (1. Korinther 11,31)

Zuerst einige Vorbemerkungen zum Thema „Gericht". In der Bibel ist von vier völlig unterschiedlichen Gerichten die Rede. Das erste Gericht ist das „Preisgericht" (1. Korinther 3,11-15). Dort wird das Leben der Jesusnachfolger beurteilt. Dabei geht es darum, was sie mit dem neuen Leben, das Jesus ihnen in der Wiedergeburt geschenkt hat, gemacht haben. Haben sie für ewige Werte oder für Vergängliches gelebt?

Das zweite Gericht ist das „Völkergericht" (Matthäus 25,31-46). Hier werden, wenn Jesus Christus sichtbar wiederkommt, die Völker von ihm zur Rechenschaft gezogen. Offenbar geht es dabei um ihre Stellung zu dem Volk der Juden, die Jesus hier *„seine geringsten Brüder"* nennt (Vers 40).

Das dritte und bekannteste ist das so genannte „Weltgericht". Es findet am Ende der Zeit vor dem „großen weißen Thron" (Offenbarung 20,11-13) statt. Bei diesem Mammutprozess werden alle Menschen, die Jesus Christus nicht als ihren Retter angenommen haben, aufgrund ihrer Werke, ihrer Worte und ihrer Gedanken *be*urteilt und auch *ver*urteilt.

In unserer Verheißung ist aber noch von einem völlig anderen Gericht die Rede. Hier gibt es keine Richter und keinen Prozess. Dieses Gericht findet in Ihrem Gewissen statt. Wenn der Heilige Geist Ihnen ein Fehlverhalten oder eine verwerfliche Charakterveranlagung oder eine falsche Entscheidung, die Sie getroffen haben, bewusst macht und Sie *„richten sich selbst"* – und ziehen daraus die Konsequenz, dann wird das im „Preisgericht" nicht mehr zur Sprache gebracht. Sie sind absolut freigesprochen. Ihr Gewissen ist entlastet. Der Weg ist wieder frei. Der Kanal für Gottes Segen ist offen.

78 Kein Wackelkontakt

Ich bin der Weinstock, ihr seid die Reben. Wer in mir bleibt und ich in ihm, ***der bringt viel Frucht****; denn ohne mich könnt ihr nichts tun.* (Johannes 15,5)

Hier legt Jesus einen besonderen Akzent auf die Aussage *„wer in mir bleibt"*. Sechsmal verwendet er in dem Kapitel der Frucht, Johannes 15, dieses *„in mir bleiben"*. Klar ist, dass eine Rebe nur Frucht bringen kann, wenn sie organisch mit dem Weinstock verbunden ist. Und auf diese organische Verbindung mit Jesus Christus kommt es auch im Christsein an. Das besagt schon der Begriff „Christsein" – Sein mit Christus. Christsein ist also nicht zuerst ein Tun, sondern ein Sein. Gottesdienstbesuche, Mitarbeit in der christlichen Gemeinde, Taufe, Konfirmation und Kommunion – das alles kann organisiert werden, dass alles kann jemand erleben und tun, ohne mit Jesus Christus organisch verbunden zu sein.

Eine junge Frau, die sich bei einer Evangelisation als Mitarbeiterin zur Verfügung gestellt hatte, kam am letzten Tag nach der Abendveranstaltung auf mich zu und sagte: „Ich habe schon immer begeistert in der Kirche mitgearbeitet. Jetzt will ich endlich die Entscheidung treffen, mit Jesus zu leben. Ich will ihm gehören." In einem Gebet, das wir dann im Altarraum sprachen, hat sie Jesus Christus in ihr Leben aufgenommen. An diesem Abend wurde sie – um im Bild der Verheißung zu bleiben – eine Rebe am Weinstock. Das ist der erste Schritt zu einem fruchtbringenden Leben. Dann aber kommt es darauf an, dass der Jesusnachfolger in Jesus bleibt, dass er fest mit ihm verbunden ist. Dulden Sie keinen Wackelkontakt. Meiden Sie alles, was Sie von Jesus trennen könnte. Sagen Sie ihm jeden Tag neu, dass Sie mit ihm und für ihn leben wollen. Dann werden auch Sie viel Frucht bringen zur Ehre Gottes.

79 Er meint es unbedingt gut mit uns

Wir wissen aber, dass denen, die Gott lieben, ***alle Dinge zum Besten dienen***. (Römer 8,28)

Es ist nicht immer angebracht, diese wunderbare Verheißung Menschen zuzusprechen, die verlustreiche und leidvolle Erfahrungen gemacht haben – besonders nicht nach unmittelbaren Leiderlebnissen. Nicht umsonst lesen wir in der Bibel: „… *weint mit den Weinenden*" (Römer 12,15). Das ist der erste Schritt zum Trost. Wer diese Verheißung zu schnell einem Trauernden anbietet, der kann ihn damit verletzen und erweckt den Eindruck, dass er das Leid des anderen auf die leichte Schulter nimmt, es herunterspielt, sich nicht mit dem Leid einlassen will.

Dennoch ist diese Zusage ein kraftvoller Trost, ja, eine tiefe und ins Leben zurückführende und zukunftsweisende Gewissheit. „*Wir wissen*", schreibt der Apostel Paulus. Aber diese Gewissheit muss Gott selbst in unser Herz legen, sie muss in unserem Unterbewusstsein verankert sein. Wenn Sie Gott lieben, wenn Sie an ihm hängen, wenn er das A und das O Ihres Lebens ist, wenn Sie sich ihm ganz geschenkt haben, dann kann es keine Erfahrung geben, die nicht das Beste in Ihrem Leben bewirkt. Dann wird auch das Dunkelste am Ende in einem hellen Licht erstrahlen. Dafür wird er selber, der Vater der Liebe, sorgen und dafür wird er alle Kräfte des Himmels in Bewegung setzen. Darum ist es wichtig, dass Sie sich diese Verheißung immer wieder ins Gedächtnis rufen und sie in Ihrem Herzen mit Dank und Anbetung bewegen – und das nicht erst in den Zeiten des Leides, sondern auch und gerade in den Zeiten der Freude. So wird sie in dunklen und notvollen Tagen wie ein Licht in Ihnen aufleuchten und Trost, Hoffnung und Kraft schenken.

80 Wenn Gräber sich öffnen

Es kommt die Stunde, in der alle, die in den Gräbern sind, seine Stimme hören werden ***und werden hervorgehen, die Gutes getan haben, zur Auferstehung des Lebens,*** *die aber Böses getan haben, zur Auferstehung des Gerichts.* (Johannes 5,28-29)

Die Zeitungen waren im September 1998 voll von erschütternden Bildern von Menschen, die in Peggy's Cove, am felsigen Ufer des Atlantiks, Abschied nahmen von ihren Müttern, Vätern, Kindern, Freunden und Verwandten. 229 Menschen wurden beim Absturz der SM 11 in den Tod gerissen. Ein älterer Mann brach mit den Worten „mein Gott, mein Gott" auf den Lippen zusammen. Helfer trugen ihn auf einer Bahre weg. Ein Mädchen brachte den Toten eine Hand voll Blumen. Ein anderer bückte sich und tröstete sich mit einem Schluck aus dem Atlantik. Manche umarmten sich minutenlang. Sie alle standen am Friedhof des Ozeans.

In solchen Augenblicken werden existenzielle Fragen gestellt: „Wo sind jetzt unsere Toten?" „Gibt es ein Weiterleben nach dem Sterben?" Jesus Christus hat in der Verheißung des Tages eine eindeutige Antwort gegeben. Er sagte: *„Es kommt die Stunde, in der alle, die in den Gräbern sind, seine Stimme hören werden."* Es gibt also kein endgültiges Aus! Jeder, wie auch immer er zu Tode gekommen ist, wird auferstehen. Die Stimme dessen, der den Tod besiegt hat, wird ihn rufen.

Was ihn dann erwartet, ist allerdings eine andere Frage. Aber auch hier hat Jesus Christus Klartext gesprochen. Es gibt eine Auferstehung zum Leben und eine Auferstehung zum Gericht. Zum Leben werden alle auferstehen, die Gutes getan haben – dabei muss deutlich gesagt werden, dass der Mensch nur dann wirklich „Gutes" tun kann, wenn er von Jesus und seiner Liebe erfüllt ist. Haben Sie eine solche Auferstehungshoffnung?

81 Der große Wendepunkt

Denn wie der Blitz ausgeht vom Osten und leuchtet bis zum Westen, ***so wird auch das Kommen des Menschensohnes sein****.* (Matthäus 24,27)

Unübersehbar – wie ein Blitz in der Nacht – wird die Wiederkunft von Jesus Christus sein. Sein Zurückkommen auf unseren Planeten wird den großen Wendepunkt der Weltgeschichte einläuten – das Ende der Kriege und des Terrorismus, das Ende der Religionen und des Okkultismus. Dann wird es keine Slums und keine KZs mehr geben. Dann werden Mord und Misshandlungen, Korruption und Krankheit Schnee von gestern sein. Sein Wiederkommen ist der spektakuläre Beginn einer völlig neuen Zeit, einer Zeit der Liebe und das Friedens. Das Ziel aller menschlichen Sehnsucht ist dann erreicht: Jesus Christus wird beweisen, dass man auf dieser Erde im Frieden regieren und leben kann.

Es wird auch positive globale Veränderungen in der Tier- und Pflanzenwelt geben. Die Bibel lässt einige Blitzlichter aufleuchten. In ihr lesen wir: *„Da werden die Wölfe bei den Lämmern wohnen und die Panther bei den Böcken lagern. Ein kleiner Knabe wird Kälber und junge Löwen und Mastvieh miteinander treiben. Kühe und Bären werden zusammen weiden, dass ihre Jungen beieinander liegen, und Löwen werden Stroh fressen wie die Rinder"* (Jesaja 11,6-7). Diese neue Zeit der Menschheit, unter der Herrschaft von Jesus Christus, kann im letzten Grunde nicht beschrieben werden. Keiner kann sich wirklich vorstellen, welche gewaltigen Veränderungen es geben wird. Aber eines sollte jeder wissen: Die Zukunft gehört Jesus Christus, dem gekreuzigten und auferstandenen Sohn Gottes, und die Zukunft gehört denen, die ihm gehören. Mit dieser Hoffnung und Erwartung können Sie getrost auch heute leben und anderen etwas vom Glanz dieser neuen Zeit vermitteln.

82 Absturzgefahr

Darum, liebe Brüder (und Schwestern), *bemüht euch desto mehr, eure Berufung und Erwählung festzumachen. Denn wenn ihr dies tut,* ***werdet ihr nicht straucheln***. (2. Petrus 1,10)

Wann werden Sie vor dem Straucheln, vor dem Fallen und Abstürzen bewahrt? Die Verheißung des Tages gibt die Antwort: wenn Sie sich bemühen, Ihre *„Berufung und Erwählung festzumachen"*. Dieses *„Festmachen"* geschieht erstens dadurch, dass Sie sich immer wieder daran erinnern, wer Sie berufen und erwählt hat. *„Ihr seid berufen von Jesus Christus"*, lesen wir in der Bibel (Römer 1,6). An einer anderen Stelle steht: *„Er hat uns berufen mit einem heiligen Ruf"* (2. Timotheus 1,9). Jesus Christus, der Sohn Gottes, hat Ihren Namen genannt und seine Hand nach Ihnen ausgestreckt. Das sollten Sie nicht vergessen.

Zweitens ereignet sich dieses Festmachen Ihrer Berufung und Erwählung im täglichen Dank, im täglichen Staunen und in der täglichen Anbetung. Wer sich daran erinnert, wer demütig und ergriffen zu Gott aufschaut, wer ihm dafür dankt, der macht seine Berufung und Erwählung fest. Ein solcher Mensch klopft sich nicht auf die eigene Schulter und sieht nicht selbstgefällig auf sich. Er weiß, dass alles Gnade ist, alles Geschenk von Gott. Er weiß, dass er von der Treue und Güte Gottes abhängig ist. *„Wenn ihr dies tut, werdet ihr nicht straucheln"* – das schreibt der Mann, der in der Nacht des Verrats Jesus verleugnete: Petrus. Ein schmerzlicher Absturz, an dem er innerlich zerbrochen war und durch den er eine tief greifende Veränderung erlebt hatte. Im Erinnern an dieses dunkle Erlebnis und an eine erneute Berufung (Johannes 21,15-17) konnte er diese wunderbare Verheißung schreiben. Sie gilt auch Ihnen!

83 Das Fundament zum Leben

Darum, wer diese meine Rede hört und tut sie, der gleicht einem klugen Mann, der sein Haus auf Fels baute. Als nun ein Platzregen fiel und die Wasser kamen und die Winde wehten und stießen an das Haus, ***fiel es doch nicht ein****; denn es war auf Fels gegründet.* (Matthäus 7,24-25)

Die Tragödie der Menschheitsgeschichte begann im Garten Eden mit einer scheinbar harmlosen Frage. Sie lautete: *„Ja, sollte Gott gesagt haben …?"* Satan, der raffinierte Verführer, hat sie gestellt. Mit ihr hat er Misstrauen und Zweifel in das Herz des Menschen gesät. „Hat das Gott wirklich gesagt? Kann ich mich auf sein Wort verlassen? Muss das möglicherweise anders gedeutet werden?" Dieses Misstrauen gegenüber dem Wort Gottes führte zum Abfall von Gott und löste den „Urknall des Todes" aus. Seit dem Ungehorsam von Adam und Eva befindet sich die ganze Menschheit nicht bloß auf Schleuderkurs, sondern im pausenlosen Absturz.

Als Jesus Christus, der Sohn Gottes, in der Öffentlichkeit auftrat, hat er die Menschen aufgefordert, dem Wort Gottes uneingeschränkt zu vertrauen. Er selbst hat darum immer wieder den damals bekannten Teil der Bibel – das Alte Testament – zitiert. Und er hat als der Sohn Gottes seine Zuhörer aufgefordert, seinen Worten zu vertrauen. In der Verheißung des Tages rief er einer großen Menschenmenge zu: *„Wer diese meine Rede hört und tut sie, der gleicht einem klugen Mann, der sein Haus auf Fels baute."* Hier geht es um das Lebensfundament. Ihr Leben wird mit einem Hausbau verglichen. Es kann auf *„Sand"* gebaut werden, auf Ideologien, Philosophien, Religionen, auf Materialismus und Idealismus oder andere unbeständige Fundamente. Oder es kann auf Fels gebaut werden – auf das stabile, alle Stürme des Lebens trotzende Wort Gottes: die Bibel. Sie dürfen wählen!

84 Das Lamm Gottes

Siehe, das ist Gottes Lamm, ***das der Welt Sünde trägt!*** (Johannes 1,29)

Entsetzen! Bestürzung! Fassungslosigkeit! Was hatte Johannes der Täufer soeben von dem Mann gesagt, der auf den Jordan zukam? *„Lamm Gottes, das der Welt Sünde trägt!“* Alle haben sich umgedreht und ihn angeschaut. Wie kann ein Mensch ein Lamm werden? Und wie kann ein Mensch die Sünden der Welt tragen? Lämmer wurden im Tempel als Sündopfer auf dem Brandopferaltar geopfert. Sollte dieser Mann das erste Menschenopfer sein, das im Tempel Gott dargebracht wurde? Und was heißt „Lamm Gottes“? Bisher wurden immer Lämmer geopfert, die Menschen gehörten – also jeweils das Lamm eines Menschen. Wie aber kann ein Mensch „Lamm Gottes“ sein? Fragen über Fragen.

Die Jesusgeschichte gibt die Antwort. Drei Jahre später wurde Jesus Christus, der Sohn Gottes, zum „Lamm Gottes“. Und er wurde auf einem seltsamen Altar für die Sünden der Welt geopfert. Der Opferaltar war ein Kreuz und das Opferfeuer der Heilige Geist. In der Bibel lesen wir: *„… wie viel mehr wird dann das Blut Christi, der sich selbst als Opfer ohne Fehl durch den ewigen Geist Gott dargebracht hat, unser Gewissen reinigen“* (Hebräer 9,14). Das ist die Deutung, die damals niemand ahnte. Aber es war der ewige Ratschluss Gottes: *„Ihr wisst, dass ihr nicht mit vergänglichem Silber oder Gold erlöst seid … sondern mit dem teuren Blut Christi als eines unschuldigen und unbefleckten Lammes. Er ist … ausersehen, ehe der Welt Grund gelegt wurde“* (1. Petrus 1,18-20). Und das Wunderbare: Sie dürfen sich auf diese Verheißung berufen. Jesus ist das „Lamm Gottes“, das auch Ihre Sünden getragen hat.

85 Unternehmen Golgatha

*Also hat Gott die Welt geliebt, dass er seinen eingeborenen Sohn gab, damit alle, die an ihn glauben, nicht verloren werden, **sondern das ewige Leben haben**.* (Johannes 3,16)

Die Verheißung des ewigen Lebens ist untrennbar mit der Aussage verbunden, dass Gott *„seinen eingeborenen Sohn gab"*. Der Begriff *„gab"* ist der Opfersprache des Alten Testamentes entnommen und spricht hier vom stellvertretenden Sterben des Sohnes Gottes am Kreuz. Die grauenhafte Kreuzigung von Jesus Christus war kein Betriebsunfall, sondern ein Rettungseinsatz für Todgeweihte. Das Unternehmen Golgatha war eine von Gott geplante Befreiungsaktion für eine durch Sünde und Ungehorsam unter die Herrschaft des Topterroristen Satan geratene Menschheit. Wir sollen nicht verloren gehen, sondern ewiges Leben haben – Leben im Himmel, Leben im Reich des Friedens und der Liebe. Und damit wir dieses neue und unvergleichbare Leben erhalten können, hat Jesus Christus die Sünden aller Menschen auf sich genommen und sie mit sich in den Tod gerissen. Das, was uns von Gott und vom ewigen Leben trennte, die zwei vernichtenden „S" – Sünde und Satan –, wurde im Opfer, das Jesus mit seinem Sterben brachte, beseitigt und besiegt. Damit ist das Ereignis des Kreuzes die Voraussetzung und das Fundament des ewigen Lebens. In Kurzfassung heißt das: Ohne Kreuz kein ewiges Leben.

Der Apostel Paulus schrieb dazu: Gott hat *„seinen eigenen Sohn nicht verschont, sondern hat ihn für uns alle dahingegeben – wie sollte er uns mit ihm nicht alles schenken?"* (Römer 8,32). Wer zu Jesus Christus gehört, ist jeden Tag neu ein Beschenkter – ein mit Leben Beschenkter, mit einem Leben, das nie endet. Mit dieser Gewissheit lässt es sich leben!

86 Das blutige Ja

Und er (Jesus) *nahm den Kelch und dankte, gab ihnen den und sprach: Trinket alle daraus; das ist mein Blut des Bundes,* ***das vergossen wird für viele zur Vergebung der Sünden.*** (Matthäus 26,27-28)

Das sagte Jesus Christus wenige Stunden vor seiner Kreuzigung. Er hatte den mit Wein gefüllten Kelch in seinen Händen und reichte ihn seinen Jüngern mit den Worten. *„Das ist das Blut des Bundes, das vergossen wird für viele zur Vergebung der Sünden."* Sie nahmen alle den Kelch und tranken daraus.

- Keiner ahnte jedoch auch nur im Geringsten, was das wirklich bedeutete: *„Blut, das vergossen wird zur Vergebung der Sünden."*
- Keiner dachte dabei an eine unmenschliche Geißelung: *„Blut, das vergossen wird zur Vergebung der Sünden."*
- Keiner vermutete eine schreckliche Kreuzigung: *„Blut, das vergossen wird zur Vergebung der Sünden."*

Jesus allein wusste, was er sagte, und er wusste, dass es für ihn kein Zurück mehr gab. Er musste das Opfer für die Sünden aller Menschen werden. Ein riesiger Schuttberg von Sünden – Lüge, Hass, Mord, Heuchelei, Egoismus und noch unendlich viel mehr – musste beseitigt werden. Jetzt lag das Schicksal aller Menschen in seinen Händen. Es ging um Himmel oder Hölle. Es ging um ewige Gemeinschaft mit Gott oder ewige Trennung von Gott. Darum ist diese Verheißung – *„… zur Vergebung der Sünden"* – eine Verheißung zum Leben, zum ewigen Leben mit Gott. Wenn Jesus Christus damals „Nein" zu diesem blutigen Weg gesagt hätte, wäre es das „Nein" Gottes über jeden Menschen gewesen. Sein „Ja" zum Kreuz ist das „Ja" Gottes zu Ihnen und es ist Ihre Chance zur Vergebung und zum Himmel.

87 Unser Rechtsanwalt

Dies schreibe ich euch, damit ihr nicht sündigt. Und wenn jemand sündigt, ***so haben wir einen Fürsprecher bei dem Vater, Jesus Christus,*** *der gerecht ist. Und er ist die Versöhnung für unsre Sünden …* (1. Johannes 2,1-2)

Jesus Christus hat alle Sünden aller Menschen am Kreuz auf sich genommen. Er ist *„die Versöhnung für unsere Sünden"*. Das ist jedoch kein Freibrief zum Sündigen. Im Gegenteil: In der Verheißung des Tages steht: *„… damit ihr nicht sündigt."* Ehrfurcht vor dem heiligen Opfer von Jesus ist ein wichtiger Grundsatz des Christseins.

Aber die Bibel zeigt, dass Christen nicht vollkommen sind. Auch Nachfolger von Jesus Christus tun manches, was sie nicht tun sollten, und sie tun manches *nicht*, was sie tun sollten. Immer wieder werden wir schuldig in Gedanken, in Gefühlen, in Worten und auch in Taten. Selbst der Apostel Paulus bekennt: *„Denn das Gute, das ich will, das tue ich nicht; sondern das Böse, das ich nicht will, das tue ich"* (Römer 7,19). Wie tröstlich ist es darum, dass Jesus Christus *„die Versöhnung für unsere Sünden ist"* und dass er als Fürsprecher bei dem Vater für uns eintritt.

Im letzten Buch der Bibel, in der Offenbarung, wird das bildhaft gezeigt. Dem Leser wird ein Blick in den Thronsaal Gottes gewährt. Dort ist auch Jesus Christus zu sehen. Hören Sie, was die Bibel berichtet: *„Und ich sah … ein Lamm stehen, wie geschlachtet"* (Offenbarung 5,6). Es ist die biblische Deutung des gekreuzigten Jesus Christus. Gott, der Vater, hat immer den vor Augen, der für die Sünden der Welt sein Leben geopfert hat. So ist Jesus der Fürsprecher, der Rechtsanwalt, vor dem Vater. Sie haben einen, der für Sie vor dem Vater spricht. Wenn Ihr Gewissen Sie verklagt, dann berufen Sie sich auf diese Verheißung.

88 Das Friedensangebot

Aber er ist um unsrer Missetat willen verwundet und um unsrer Sünde willen zerschlagen. ***Die Strafe liegt auf ihm, auf dass wir Frieden hätten, und durch seine Wunden sind wir geheilt.*** (Jesaja 53,5)

Der Prophet Jesaja, der sieben Jahrhunderte vor Jesus Christus gelebt hat, sah in einer Vision detailliert das Sterben von Jesus Christus an einem Kreuz, obwohl diese schreckliche Hinrichtungsart damals völlig unbekannt war. Es ist einer der erstaunlichsten prophetischen Texte der Literaturgeschichte. Aber nicht nur das. Jesaja 53 zeigt auch, dass das, was Gott verheißt, sich auch erfüllt. Sieben Jahrhunderte später wurde der Mann, den der Prophet Jesaja noch nicht kennen konnte, *„verwundet und zerschlagen"* aus der Stadt Jerusalem getrieben. Auf dem Hinrichtungshügel Golgatha legten römische Legionäre ihn auf ein Kreuz und nagelten ihn daran fest.

Dieses Kreuz wurde zum Zeichen der Christen – zum Zeichen des Friedens. In der Bibel steht: *„Denn es hat Gott wohlgefallen …, dass er durch ihn* (Jesus) *alles mit sich versöhnte, es sei auf Erden oder im Himmel, indem er Frieden machte durch sein Blut am Kreuz"* (Kolosser 1,20). Das ist das unglaubliche Friedensangebot Gottes für alle, die durch Sünde, Gleichgültigkeit und Selbstverwirklichung zu Feinden Gottes geworden sind. Der Gekreuzigte ist die ausgestreckte Hand Gottes. Sie sagt uns: Ich habe Dir vergeben. Ich nehme Dich an. Du kannst Gemeinschaft mit mir haben. *„… auf dass wir Frieden hätten"*, verspricht unsere Verheißung. Dieser Friede – Friede mit Gott – ist der Beginn eines neuen Lebens. Es ist das Nach-Hause-Finden aus der inneren Heimatlosigkeit. Lassen Sie sich ergreifen und mit diesem Frieden beschenken.

89 Seine Stimme hören

Ich bin dazu geboren und in die Welt gekommen, dass ich die Wahrheit bezeugen soll. Wer aus der Wahrheit ist, ***der hört meine Stimme****.* (Johannes 18,37)

Hat Jesus Christus schon zu Ihnen sprechen können? Nein, ich meine nicht akustisch, nicht so, dass Sie das auf Tonband hätten aufnehmen können. Jesus Christus, der auferstandene Sohn Gottes, redet normalerweise anders zu den Menschen. Er benutzt die Sprache des Herzens, die Sprache des inneren Verstehens. Ich erlebe das immer wieder, dass Jesus Christus zu mir spricht, wenn ich die Bibel lese. Plötzlich trifft mich ein Satz. Er berührt mein Gewissen, bewegt mein Gefühl, regt mein Denken an. Das ist so lebendig, als hätte ich wirklich seine Stimme gehört. Oft, wenn ich das erlebt habe, habe ich neben dem Bibeltext Datum und Ort geschrieben und oft auch das, was mir dabei deutlich gesagt wurde. Auch im Gebet – im Reden mit Jesus Christus – habe ich solche ermutigenden und oft auch ermahnenden Hörerfahrungen gemacht.

Jesus Christus redet heute noch! Er hat es versprochen. Er sagte: „*Wer aus der Wahrheit ist, der hört meine Stimme.*“ Das allerdings ist die Voraussetzung: „*Wer aus der Wahrheit ist …*“ Jesus Christus spricht nur dann zu Ihnen, wenn Sie ihn wirklich hören wollen, wenn Sie sich nach seiner Stimme sehnen, wenn Sie die innere Bereitschaft zur Korrektur und zum Kurswechsel mitbringen. „Wahr werden“, darauf kommt es an. Das bedeutet ein „Nein“ zur Selbsttäuschung, ein „Nein“ zu jeder Art Versteckspiel und auch ein „Nein“ zur religiösen Show. Nur wenn Sie Ihr Herz ganz weit öffnen, werden Sie die Stimme hören, die Ihr Herz berühren will. Es ist immer die Sprache der Liebe, die aufdeckt und vergibt, die ans Licht bringt und heilt, die Stimme von Jesus Christus.

90 Auf der Zielgeraden

Wir wissen, dass, wer von Gott geboren ist, ***der sündigt nicht****, sondern wer von Gott geboren ist,* ***den bewahrt er, und der Böse tastet ihn nicht an****.* (1. Johannes 5,18)

Im Grundtext des Neuen Testamentes finden Sie zwei Begriffe für Sünde. Der eine kann mit „Zielverfehlung" übersetzt werden und der andere mit „Fehltritte". Wenn jemand bei einer Wanderung an einer Kreuzung den falschen Weg wählt, dann ist das mit dem ersten Begriff vergleichbar – es ist eine Zielverfehlung. Wenn jemand den richtigen Weg wählt, kann er auf diesem Weg Fehltritte tun, er kann stolpern, ein Hindernis übersehen, sich daran stoßen und verletzen, das sind Fehltritte. Aber eines ist unbestritten, er wird trotz Fehltritten das Ziel erreichen, denn er ist auf dem richtigen Weg.

Der Apostel Johannes schreibt: *„Wir wissen, dass, wer von Gott geboren ist, der sündigt nicht* – der verfehlt nicht das Ziel –, *sondern wer von Gott geboren ist, den bewahrt er, und der Böse tastet ihn nicht an."* Menschen die aus Gott geboren sind, die durch eine Lebenshingabe an Jesus Christus wiedergeboren sind (Johannes 1,12.13), befinden sich auf dem „schmalen Weg", auf der „Zielgeraden" zum ewigen Leben. Aber auch da ist der Teufel präsent. Er möchte Sie von diesem „schmalen Weg" wegziehen, Sie wieder auf die „breite Straße" bringen, von der Jesus Christus sagte, dass sie *„zur Verdammnis"* (Matthäus 7,13) führt. Die Verheißung des Tages jedoch verspricht Ihnen absolute Sicherheit: Jesus Christus selbst will Sie bewahren. Der Teufel kann Sie zu Fehltritten verführen, er kann Sie verunsichern und erschrecken – aber mehr ist ihm nicht gestattet. Mit Jesus Christus werden Sie das Ziel des Tages und auch das Ziel des Lebens erreichen.

91 Kinder – Menschen mit Sonderstatus

Lasset die Kinder und wehret ihnen nicht, zu mir zu kommen; ***denn solchen gehört das Himmelreich.*** (Matthäus 19,14)

Jesus Christus sagt eindeutig, dass nur der in das Himmelreich kommt, der durch eine Lebensübereignung an ihn wiedergeboren ist. In einem Nachtgespräch mit einem jüdischen Theologen erklärte Jesus: *„Ihr müsst von neuem geboren werden"* (Johannes 3,7), anderenfalls könne er das *„Reich Gottes nicht sehen"* (Johannes 3,5).

Hier aber taucht die Frage auf: Wie ist das, wenn ein Kind, dass noch keine Entscheidung für Jesus treffen konnte, stirbt? Können Kinder verloren gehen? Lesen Sie dazu noch einmal die oben stehende Verheißung. Es wird berichtet, dass Frauen ihre Kinder zu Jesus brachten. Die Jünger wollten sie davon abhalten: Jesus habe für diesen Kleinkram keine Zeit. Er habe wichtigere Aufgaben, als sich mit Kindern abzugeben, so war ihre Argumentation.

Aber Jesus korrigiert das Verhalten seiner Jünger und er erklärt ihnen, dass das Himmelreich den Kindern gehört. Kinder sind also „automatisch" Bürger des Himmels. Jesus Christus sagte nicht: *„Ich gebe ihnen das Himmelreich"*, sondern er sagt: *„Ihnen* gehört *das Himmelreich."* Ein Kind muss also nicht erst besondere Voraussetzungen erfüllen, um in das Himmelreich zu kommen. Es ist von der ersten Sekunde des Lebens an ein Bürger des Himmels. Dabei ist zu beachten, dass es diesen Sonderstatus verliert, wenn es entscheidungsreif ist. Dann gilt auch ihnen: *„Ihr müsst von neuem geboren werden."*

Jesus Christus liebt und segnet Kinder. Das sollte auch Ihre Haltung in der Begegnung mit Kindern sein. Kinder sind kein „Kleinkram", sondern Himmelsbürger.

92 Schicksalsschläge

Das geknickte Rohr ***wird er nicht zerbrechen****, und den glimmenden Docht* ***wird er nicht auslöschen****.* (Matthäus 12,20)

Immer wieder begegnen mir Menschen, die durch schwere Lebensführungen wie ein „geknicktes Rohr" sind oder wie ein „glimmender Docht". Die Freude ist geknickt, die Hoffnung ist nur noch ein Glimmen, der Glaube liegt am Boden. Gott scheint weit weg zu sein; er ist ein Fremder geworden. Neben vielen anderen Fragen wird vor allem die nach dem Warum gestellt.

Ich denke an die junge Frau, die ihren Mann nach einer schweren Krankheitsphase verloren hat und nun mit fünf Kindern allein dasteht.

Ich denke an die Eltern, deren siebenjähriger Sohn von einem Auto überfahren wurde und für den jede Hilfe zu spät kam.

Ich denke an die vielen, die durch die Todesflut in Südostasien Angehörige, Kinder, Eltern, Geschwister verloren haben – Tausende, die in wenigen Minuten aus dem Leben gerissen wurden.

Auch Christen, die sich Jesus anvertraut haben und ihm nachfolgen, werden Situationen erleben, wo sie sich wie ein „geknicktes Rohr" und wie ein „glimmender Docht" empfinden. Aber genau dann gilt die Verheißung des Tages, dass Gott nicht „zerbrechen" und nicht „auslöschen" wird. Dann hält er bewahrend seine Hände über sie und wird sie aufrichten. Er wird die Flamme der Hoffnung, des Glaubens und der Freude wieder neu entzünden.

Vor vielen Jahren habe ich als junger Christ eine Liedstrophe gelernt und deren Wahrheit immer wieder erlebt: „Wenn die Stunden sich gefunden, bricht die Hilf mit Macht herein. Und dein Grämen zu beschämen, wird es unversehens sein." Das gilt auch Ihnen! Halten Sie sich daran fest!

93 Das große Versprechen

Es sollen wohl Berge weichen und Hügel hinfallen, ***aber meine Gnade soll nicht von dir weichen, und der Bund meines Friedens soll nicht hinfallen****, spricht der Herr, dein Erbarmer.* (Jesaja 54,10)

Stellen Sie sich Folgendes vor: Sie öffnen am Nachmittag Ihren Briefkasten und entdecken eine schön gestaltete Einladungskarte zu einer Geburtstagfeier. Da der Absender Ihnen unbekannt ist, überlegen Sie und schauen sich die Karte genauer an. Dabei entdecken Sie, dass die Einladung gar nicht Ihnen gilt, sondern einem Nachbarn. Der Postbote hat die Karte in den falschen Briefkasten geworfen. Was würden Sie jetzt tun? Sicher würden Sie nicht sagen: „Die Einladung war in meinem Briefkasten, darum werde ich zu dieser Geburtstagsfeier gehen." Wer so argumentiert, blamiert sich gründlich.

Ich möchte das auf die oben stehende Verheißung übertragen. Wem gilt sie? Sie gilt zunächst einmal nicht mir und nicht Ihnen. Sie gilt dem Volk Israel. Gott verheißt seinem Volk Gnade, und er verspricht, dass der Bund, den er mit ihm geschlossen hat, nicht hinfällig ist. Beinahe zweitausend Jahre waren die Juden auf allen Kontinenten verstreut. Dann aber gab es in der Mitte des letzten Jahrhunderts mehrere große Einwanderungswellen nach Israel. Viele Juden kehrten in das verheißene Land zurück. 1948 wurde der Staat Israel gegründet, und trotz Kriegen, Terroranschlägen und Ablehnung existiert er noch heute. Gott hatte es versprochen: *„Meine Gnade soll nicht von dir weichen, und der Bund meines Friedens soll nicht hinfallen."*

Im übertragenen Sinn dürfen Sie, wenn Sie Jesus nachfolgen, diese Verheißung auch auf sich anwenden. Auch Sie dürfen mit der Gnade Gottes rechnen und Sie dürfen wissen, dass der Bund, den Gott in Jesus Christus mit Ihnen geschlossen hat, nie rückgängig gemacht wird. Halten Sie das in Ihrem Herzen fest!

94 Befreiungsaktion

Der Menschensohn ist nicht gekommen, dass er sich dienen lasse, sondern ***dass er diene und gebe sein Leben zu einer Erlösung für viele.*** (Matthäus 20,28)

Wenn Könige oder bekannte Staatsmänner sich zu einem Besuch in einem anderen Land anmelden, dann beginnen schon Wochen vorher die Vorbereitungen. Wo wird das Festbankett stattfinden? Wer darf beim Staatsempfang dabei sein? Welche Sicherheitsvorkehrungen müssen getroffen werden? Und dann ist es schließlich so weit: Der rote Teppich wird ausgerollt. Der Festakt beginnt!

Der höchste Besuch, der je auf unserem Planeten stattgefunden hat, war der „Besuch" des Sohnes Gottes. Jesus Christus hat die Herrlichkeit des Himmels verlassen und wurde Mensch. Im Himmel standen ihm alle Engel zur Verfügung und dienten ihm. Aber als er zu uns kam, kam er nicht als Herrscher, sondern als Diener, und sein Dienen erreichte den Höhepunkt am Tiefpunkt seines irdischen Lebens – am Kreuz. Dort hat er *„sein Leben zu einer Erlösung für viele gegeben"*.

Wenn der Begriff „Erlösung" gebraucht wird, dann setzt das automatisch voraus, dass jemand zuvor gefesselt, versklavt oder gefangen war. Die Bibel klärt uns über eine Gefangenschaft auf, in die alle Menschen geraten sind: *„Wir wissen, dass wir von Gott sind, und die ganze Welt liegt im Argen."* Hier werden zwei Menschengruppen angesprochen. Die eine Gruppe, die mit dem *„wir"* aus der Verheißung genannt wird, sind Menschen, die dem Teufel gekündigt haben und jetzt unter der Herrschaft von Jesus Christus leben. Die andere Gruppe wird mit der Aussage *„die ganze Welt liegt im Argen"* (1. Johannes 5,19) beschrieben. Der „Arge" ist der Teufel, den die Bibel auch den *„Gott dieser Welt"* (2. Korinther 4,4) nennt. Jesus Christus kam, um Menschen aus dem Gefängnis des Teufels zu befreien. Zu welcher Gruppe gehören Sie – zu den Befreiten oder noch zu den Gefangenen?

95 Feiern Sie mit!

Siehe, ich stehe vor der Tür und klopfe an. Wenn jemand meine Stimme hören wird und die Tür auftun, ***zu dem werde ich hineingehen und das Abendmahl mit ihm halten und er mit mir.*** (Offenbarung 3,20)

Zwischen meinem 18. und 20. Lebensjahr hat Jesus Christus immer wieder einmal an die Tür meines Herzens geklopft. Ich habe darauf nicht negativ reagiert, aber mir waren einfach andere Dinge wichtiger – Motorräder, Kino, Mädchen. Dann kam eine Zeit, wo mich nichts mehr befriedigte, wo ich auf der Suche war nach einem Sinn in meinem Leben, nach einem tragfähigen Fundament. Damals wurde mir klar, dass ich Jesus Christus brauche, und ich öffnete ihm die Tür zu meinem Leben. Seitdem habe ich keinen Tag mehr ohne ihn gelebt. Er wurde die Mitte meines Lebens. Eine wunderbare Feier hatte begonnen.

Wenn Jesus Christus anklopft, dann löst das Unruhe aus. Entscheidung ist gefordert – kompromisslos, eindeutig, klar. Aber Jesus Christus drängt sich niemandem auf. Er reißt die Tür nicht einfach auf und erobert die Schaltzentrale des Lebens, ob der Mensch das will oder nicht. Nein – er respektiert uns als Persönlichkeit und er respektiert unseren Willen. Alle, die sich für Jesus Christus geöffnet haben, können bestätigen, dass das die wichtigste Entscheidung ihres Lebens war. Damit beginnt eine wunderbare Liebesbeziehung.

Eine Frau, die am Abend bei einer Evangelisation Jesus Christus die Tür zu ihrem Leben geöffnet hatte, fragte ich am folgenden Tag: „Wie haben Sie geschlafen?“ Sie sah mich an und sagte: „Schlecht.“ Als sie meinen fragenden Blick entdeckte, fügte sie schnell hinzu: „Wie eben Verliebte schlafen.“

Wenn Jesus in Ihr Leben kommt, dann ist das eine nie endende Feier, eine Abendmahlsfeier. Feiern Sie mit! Jesus Christus lädt Sie ein!

96 Souvenir aus dem Himmel

*Der auch seinen eigenen Sohn nicht verschont hat, sondern hat ihn für uns alle dahingegeben – **wie sollte er uns mit ihm nicht alles schenken?*** (Römer 8,32)

Blicken Sie auf das Kreuz! Dort hängt Jesus Christus angenagelt. War es ein Justizirrtum? War es eine Intrige eifersüchtiger Religionsverfechter? War es Hochverrat? Das alles mag mit eine Rolle gespielt haben, aber es war nicht das Ausschlaggebende. Jesus hätte ja vom Kreuz steigen können. Der Himmel hatte schon mobil gemacht. Nur ein Blick nach oben, und Engel hätten den Sohn Gottes vom Kreuz weg in die Herrlichkeit geholt. Doch es kam anders. Die Tagesverheißung sagt es uns: *„Gott, der Vater, hat seinen eigenen Sohn nicht verschont, sondern hat ihn für uns alle dahingegeben."*

Der Vater hat seinen Sohn *„dahingegeben"*. Hinter dem Kreuz steht Gott, der Vater. Es war sein Plan zur Rettung der Menschheit. Wenn Gott für uns seinen Sohn geopfert hat, dann ist dies das leuchtendste Zeichen seiner Liebe zum Menschen. Liebe will immer schenken. Aus Liebe schenkt Gott Ihnen seinen Sohn, und mit ihm schenkt er Ihnen alles, denn in Jesus Christus wohnt die ganze Fülle Gottes (Kolosser 2,9). Im Vers danach lesen wir: *„... und an dieser Fülle habt ihr Teil in ihm."* Sie dürfen jeden Tag von dieser Fülle nehmen und aus dieser Fülle leben. Also keine Panik in Problemsituationen! – Sie haben Jesus Christus. Keine unnötigen Sorgen! – Sie haben Jesus Christus. Keine Hektik und kein Stress! – Sie haben Jesus Christus. Keine Ängste vor morgen! – Sie haben Jesus Christus. Rufen Sie sich das jeden Tag neu ins Gedächtnis – und sprechen Sie es immer wieder im Laufe des Tages aus: „Ich habe Jesus Christus und mit ihm habe ich die ganze Fülle Gottes."

97 Weite Herzen

Selig sind die Barmherzigen; denn ***sie werden Barmherzigkeit erlangen.*** (Matthäus 5,7)

Ich habe Barmherzigkeit bei meinen Evangelisationen gelernt, die ich in Hamburg auf St. Pauli gehalten habe. Ich erinnere mich noch an den ersten evangelistischen Abend. Die Veranstaltung begann um 21 Uhr und fand im Haus der Heilsarmee statt. Der Saal war festlich geschmückt und füllte sich. Aber was war das für ein Publikum? Stadtstreicher, leicht angetrunkene Männer und Frauen, einige Passanten von der Reeperbahn und das Missionsteam. Ich fühlte mich irgendwie deplatziert. Es war nicht meine Welt und es war nicht das Publikum, das normalerweise mir zuhörte. „Das war das erste und das letzte Mal, dass ich mich dazu zur Verfügung stelle", sagte ich zu mir.

Aber dann kam alles ganz anders. Jesus Christus schenkte mir Barmherzigkeit zu den Menschen, die ihr Leben durch Alkohol und durch freie Sexualität zerstört hatten. In persönlichen Gesprächen hörte ich ergreifende Lebensschicksale: in der Kindheit missbraucht, als Jugendliche verführt, als Erwachsene unter die Räder gekommen. Langsam bekam ich Zugang zu diesen Menschen. Barmherzigkeit öffnete die Tür zu ihren Herzen.

Unsere Verheißung beginnt mit den Worten: *„Selig sind die Barmherzigen."* Der Begriff *„selig"* muss eigentlich mit *„glücklich"* übersetzt werden. Barmherzige Menschen sind normalerweise auch glückliche Menschen. Sie bekommen ein weites Herz, und weite Herzen kann Gott mit seiner Liebe füllen. Und dann hat Barmherzigkeit noch eine wunderbare „Nebenwirkung": *„… sie werden Barmherzigkeit erlangen."* Gott wird liebevoll mit Ihnen und barmherzig mit Ihren Fehlern umgehen. Beides brauchen Sie täglich.

98 S.O.S.

Bei dem Herrn findet man Hilfe. (Psalm 3,9)

An einem späten Abend irrte ich nach einer Sitzung hilflos mit meinem Wagen durch Berlin. Natürlich hatte ich einen Stadtplan dabei, aber der stimmte nicht mehr. Überall waren Umleitungen und Straßenbaustellen. Langsam wurde es mir unheimlich. Es war kurz vor Mitternacht. Und dann begann ich intensiv zu beten: „Jesus Christus, bringe mich bitte zu meinem Quartier." Plötzlich entdeckte ich den Hermannplatz, wo ich untergebracht war. Ich atmete auf und sagte ergriffen: „Danke, Jesus!" Fünf Minuten später öffnete ich die Tür zu meiner Unterkunft.

„Bei dem Herrn findet man Hilfe." Ein kleines Erlebnis zur Verheißung des Tages. Sie könnten dem sicher auch manche Erlebnisse hinzufügen. Wenn alles glatt geht im Leben, dann spricht uns eine solche Verheißung kaum an. Aber wenn plötzlich Wolken am Lebenshorizont aufziehen und erste Blitze zucken, dann kann sie Hoffnung und Vertrauen wecken.

Ich möchte nacheinander einzelne Worte besonders betonen. *„Bei dem* Herrn *findet man Hilfe."* Er, der Herr, der Himmel und Erde geschaffen hat, der vor zweitausend Jahren Mensch wurde, um uns die Tür zum Himmel zu öffnen, er ist und er muss der Ansprechpartner sein. Rufen Sie nicht irgendwohin, sondern sprechen Sie ihn an.

„Bei *dem Herrn findet man Hilfe."* Hier geht es um Nähe. Die Bibel sagt: *„Naht euch zu Gott, so naht er sich zu euch"* (Jakobus 4,8). Wenden Sie sich nicht nur an Gott, wenn Sie Probleme haben, sondern leben Sie mit ihm. Werden Sie ein Nachfolger, einer, der mit Gott unterwegs ist.

„Bei dem Herrn findet man Hilfe." Machen Sie ihm keine Vorschriften, wie er helfen soll, sondern vertrauen Sie, dass er auf seine Weise und zu seiner Zeit eingreift. Ihr S.O.S. wird gehört!

99 Das tägliche Fitnessprogramm

*Darum werden wir nicht müde; sondern wenn auch unser äußerer Mensch verfällt, **so wird doch der innere von Tag zu Tag erneuert**.* (2. Korinther 4,16)

Ich schreibe diese Zeilen in der Uni-Klinik Ulm. Überall begegnen mir Kranke, und ich sehe diesen *„Verfall des äußeren Menschen"*. Auch bei mir entdecke ich das. Es ist ein langsamer, aber ständiger Prozess. Unser äußerer Mensch ist nicht für die Ewigkeit geschaffen. Darum ist es so ermutigend, so hoffnungsvoll und aufbauend, dass es einen *„inneren Menschen"* gibt. Das ist Gottes Angebot an uns: Wenn jemand Jesus Christus als Retter und Herrn annimmt, wird dieser *„innere Mensch"* in dem *„äußeren Menschen"* geboren. In der Bibel steht der zentrale Satz: *„Alle, die Jesus Christus in ihr Leben aufnahmen, denen gab er die Berechtigung, sich Kinder Gottes zu nennen … sie sind von Gott geboren"* (Johannes 1,12.13 – eigene Übersetzung).

Der innere Mensch beginnt, wie auch der äußere Mensch, als Baby, wird zum Kind, dann wird er ein Jugendlicher und schließlich ein Erwachsener. Dieser Wachstumsprozess ereignet sich – wie die Verheißung es sagt – durch *„Erneuerung von Tag zu Tag"*. Es ist ein übernatürliches Geschehen, aber auch Sie selbst sind daran beteiligt. Geben Sie dem inneren Menschen die notwendige Nahrung: Gottes Wort. Bieten Sie dem inneren Menschen die Möglichkeit des Atemholens: Gebet. Stellen Sie sich Jesus Christus dienend zur Verfügung durch Dienste im Reich Gottes. Das ist das notwendige „Fitnessprogramm". So kann der innere Mensch „kraftvoll" werden.

Verstehen Sie nun, warum die Verheißung mit den Worten beginnt: *„Darum werden wir nicht müde"*? Es ist eine indirekte Aufforderung, Jesus treu nachzufolgen, und das Fitnessprogramm täglich zu praktizieren.

100 Eine neue Lebensdimension

Ich will den Vater bitten und ***er wird euch einen andern Tröster geben, dass er bei euch sei in Ewigkeit:*** *den Geist der Wahrheit, den die Welt nicht empfangen kann, denn sie sieht ihn nicht und kennt ihn nicht. Ihr kennt ihn, denn* ***er bleibt bei euch und wird in euch sein.*** (Johannes 14,16-17)

„Ich will den Vater bitten", sagt Jesus Christus – und dafür lege ich die Hand ins Feuer: Wenn Jesus Christus, Gott, seinen Vater bittet, dann sagt dieser niemals Nein.

Was erbittet Jesus für seine Jünger, für die, die ihm nachfolgen – damals und heute? Er bittet den Vater, dass er ihnen den Heiligen Geist gibt. Der Heilige Geist wird hier „Tröster" genannt. Vom Grundtext der Bibel her kann der Begriff „Tröster" auch mit „Beistand", „Ratgeber" oder „Anwalt" übersetzt werden. Es handelt sich also um eine liebevolle (Beistand), kluge (Ratgeber) und absolut kompetente Persönlichkeit (Anwalt).

Diese Persönlichkeit – der Heilige Geist – ist *„bei ihnen"* und zugleich *„in ihnen"*. Das war für die Jünger damals eine völlig neue Dimension der Gemeinschaft. Bisher hatten sie erlebt, dass Jesus Christus körperlich bei ihnen war. Sie konnten mit ihm sprechen. Sie konnten mit seiner Hilfe rechnen. Sie waren mit ihm unterwegs. Jetzt sollte zu dieser Beziehung etwas völlig Neues hinzukommen – eine tiefe innere Dimension.

Gottes Geist umgibt die Nachfolger von Jesus Christus nicht nur, sondern er ist auch in ihnen. Er durchdringt sie sozusagen. Er ist Beistand, Ratgeber und Anwalt in ihnen. Er kommt in ihr Denken, in ihre Gefühle, in ihren Willen. Er prägt von innen her ihre Persönlichkeit. Und damit können auch Sie rechnen. Öffnen Sie sich jeden Tag neu für den Heiligen Geist, für sein Reden und Handeln.

101 Gott will Kinder

***In seiner Liebe hat Gott uns dazu vorherbestimmt, seine Kinder zu sein** durch Jesus Christus nach dem Wohlgefallen seines Willens, zum Lob seiner herrlichen Gnade.* (Epheser 1,4-6)

In keiner Religion wird eine so wunderbare und erstaunliche Aussage gemacht wie diese: *„In seiner Liebe hat Gott uns dazu vorherbestimmt, seine Kinder zu sein."* Das ist einmalig und unglaublich. Gott will, dass wir seine Kinder werden. Es genügt ihm nicht, dass wir seine Geschöpfe sind – Gott will Kinder. So groß ist die Liebe Gottes. So wertvoll sind wir in seinen Augen. So sehr sehnt er sich nach uns. So nah will er uns an sein Herz ziehen.

Dabei muss uns eines immer bewusst sein: Wir sind diese Liebe nicht wert! Im gleichen Brief, in dem diese unvergleichliche Verheißung steht, stehen auch die ernüchternden Sätze: *„Ihr wart tot durch eure Übertretungen und Sünden"* (Epheser 2,1). Und: „(Wir alle haben) *ein Leben geführt in den Begierden unseres Fleisches und taten den Willen des Fleisches und der Sinne und waren Kinder des Zorns"* (Epheser 2,3).

Wie können Menschen, die *„tot waren in Übertretungen und Sünden"* und die *„Kinder des Zorns"* waren, Kinder Gottes werden? Die Antwort finden Sie in der Aussage: *„durch Jesus Christus"*. Gott hat in seiner Liebe seinen Sohn zu uns gesandt. Er sollte der Sündenträger der Welt und die lebendige Brücke zwischen ihm, dem heiligen Gott, und uns, den sündigen Menschen, werden. Im Vertrauen auf Jesus Christus können verlorene Sünder zu geretteten Kindern Gottes werden – und das *„zum Lob seiner herrlichen Gnade"*. Wenn Sie ein Kind Gottes geworden sind, will Gott an Ihnen für immer zeigen, wie unausdenkbar groß seine Gnade ist. Auch an diesem Tag sind Sie ein lebendiges Zeichen seiner Gnade.

102 Leiden für Jesus

Und unsere Hoffnung steht fest für euch, weil wir wissen: wie ihr an den Leiden teilhabt, ***so werdet ihr auch am Trost teilhaben***. (2. Korinther 1,7)

Für Menschen, die mit Jesus Christus leben, sind Leid und Trost wie die zwei Seiten einer Medaille. Wenn Christen leidvolle Wege geführt werden, dann sind das auch immer trostvolle Wege. Wie der Apostel Paulus bekennt: *„Denn wie die Leiden Christi reichlich über uns kommen, so werden wir auch reichlich getröstet durch Christus"* (2. Korinther 1,5). Das war seine Erfahrung und er hat sie an die Christen in Korinth weitergegeben.

Allerdings geht es hier um eine spezifische Leiddimension. Der Apostel Paulus nennt sie: *„Leiden Christi"* – also Leid, das Menschen erleben, weil sie zu Christus gehören. Wir denken da zuerst an die Märtyrer, an Menschen, die verfolgt werden, die in Gefängnissen sind, die gefoltert und getötet werden. Jährlich verlieren 160 000 Menschen ihr Leben, weil sie Jesus Christus nachfolgen. Aber auch in unserem Land, wo kaum jemand wegen seines Glaubens verfolgt wird, erleben manche diese *„Leiden Christi"*. Ich kenne eine Frau, die von ihrem Mann ständig gedemütigt und verspottet wird, weil sie eine Entscheidung für Jesus Christus getroffen hat. Immer wieder suchte ein Mann das Gespräch mit mir, der von seiner Frau abgelehnt und beschimpft wurde, nachdem er sich zu Jesus Christus bekannt hatte. Ein junger Mann erlebte Repressalien von seinem atheistisch orientierten Vater, als er sich für den christlichen Glauben öffnete. Aber gerade solche Menschen erfahren dann auch in besonderer Weise die Nähe und Liebe Gottes, und sie erleben die Verheißung: *„wie ihr an den Leiden teilhabt, so werdet ihr auch am Trost teilhaben."*

103 Herztransplantation

***Ich will ihnen ein anderes Herz geben** und einen neuen Geist in sie geben und will das steinerne Herz wegnehmen aus ihrem Leibe und ihnen ein fleischernes Herz geben, damit sie in meinen Geboten wandeln.* (Hesekiel 11,19-20)

Herztransplantationen sind noch immer ein schwieriger chirurgischer Eingriff. Wenn ein Mensch ein anderes Herz bekommt, dann ändert sich dadurch jedoch nicht sein Charakter und sein Leben. Ganz anders ist es, wenn Gott ein neues Herz gibt, dann ist das ein gravierendes, Leben veränderndes Geschehen. Man kann es mit der Gleichung umschreiben: neues Herz = neues Leben.

In dieser Verheißung verspricht Gott das zuerst seinem Volk. Sie finden dazu folgende Sätze im Römerbrief: *„Ich will euch, liebe Brüder, dieses Geheimnis nicht verhehlen …: Verstockung ist einem Teil Israels widerfahren, so lange bis die Fülle der Heiden zum Heil gelangt ist; und so wird ganz Israel gerettet werden“* (Römer 11,25-26). Diese israelweite Errettung geschieht, wenn Jesus Christus wiederkommt. Dann wird jeder Jude Jesus Christus als den Messias erkennen, das Volk Israel wird eine nationale Neugeburt erleben und jeder dieses *„andere Herz“* erhalten.

Was Israel als Volk erleben wird, können Sie schon heute erleben, wenn Sie Jesus Christus als Retter und Herrn annehmen. Dadurch werden Sie ein Kind Gottes und die Bibel sagt: *„Weil ihr nun Kinder seid, hat Gott den Geist seines Sohnes gesandt in unsere Herzen“* (Galater 4,6). Das ist das Geheimnis der göttlichen Herztransplantation – Gott sendet seinen Geist in Ihr Herz. Ein neuer Geist schafft ein neues Herz, ein Herz, das offen ist für Jesus Christus, das Gottes Wort ernst nimmt und das bereit ist, den Willen Gottes zu tun.

104 Hinter verschlossenen Türen

Wenn du aber betest, so geh in dein Kämmerlein und schließ die Tür zu und bete zu deinem Vater, der im Verborgenen ist; ***und dein Vater, der in das Verborgene sieht, wird dir's vergelten.*** (Matthäus 6,6)

Hinter verschlossenen Türen können Sie ungestört Ihr Herz vor Gott ausschütten. Sie können Ihren Gefühlen und Gedanken freien Lauf lassen. Sie können weinen und jubeln. Sie können klagen und anbeten. Sie können flehen und jauchzen. Sie können schreien und schweigen. Vor Ihrem himmlischen Vater verlieren Sie nie Ihr Gesicht. Darum hat Jesus Christus gesagt: „*… schließ die Tür zu.*"

Bei dieser Gebetsverheißung geht es um das ganz persönliche und intime Gespräch mit Gott, dem Vater. Da darf niemand dabei sein, niemand zuhören. Das ist so persönlich, dass sogar die Tür abgeschlossen werden soll. Der Beter muss sicher sein, dass nicht plötzlich jemand hereinkommt. Hinter verschlossenen Türen will Gott Sie an sein Herz ziehen und er erwartet, dass Sie Ihr Herz ganz weit öffnen.

Jesus Christus verspricht: „*… dein Vater, der in das Verborgene sieht.*" Es ist der Blick der Liebe. Ihr Vater sieht auch in die verborgensten Bereiche Ihres Herzens. Selbst das, was Sie nicht aussprechen können, weil Sie dafür keine Worte finden, sieht er mit den Augen der Vaterliebe.

Weiter verspricht Jesus Christus: „*… dein Vater … wird dir's vergelten.*" Dabei geht es nicht zuerst um Gebetserhörungen, um Bitten und konkrete Anliegen. Es ist so, als wenn zwei, die sich lieben, zusammen sind, sich in die Augen sehen, sich berühren, sich einander mitteilen. Wenn Liebe überspringt, dann ist das das schönste „*Vergelten*". Darum geht es bei diesem Gebet im „*Kämmerlein*". Sie können es heute erleben!

105 Ihr Ja ist gefragt

Schaffet, dass ihr selig werdet, mit Furcht und Zittern. ***Denn Gott ist's, der in euch wirkt beides, das Wollen und auch das Vollbringen,*** *nach seinem Wohlgefallen.* (Philipper 2,12-13)

Auf den ersten Blick scheinen diese beiden Sätze ein Widerspruch zu sein. Im ersten Satz werden *Sie* aufgefordert, sich mit aller Kraft für etwas einzusetzen – und zwar für die Seligkeit, für Ihre Errettung, für ihren Eingang in den Himmel. Und im zweiten Satz wird gesagt, dass *Gott* das Wollen und auch das Vollbringen schenkt.

Der Widerspruch wird aufgelöst, wenn Sie einkalkulieren, dass immer auch Ihr Ja gefragt ist. Gott legt das Wollen in Ihr Herz, das Verlangen nach einem neuen Leben mit ihm. Und Gott gibt dann auch das Gelingen, schenkt Ihnen ein neues Leben, vergibt Ihnen Ihre Sünden, lässt Sie Frieden mit Gott erleben. Aber zwischen dem Wollen, das Gott schenkt, und dem Vollbringen, das er bewirkt, liegt Ihr Ja. Es ist ein existenzielles Ja. Ein Ja, hinter dem die ganze Persönlichkeit steht, das Denken, der Wille und das Gefühl. Dieses Ja ist nicht nur ein Wort, das schnell gesprochen werden kann, es ist ein Ja für das ganze Leben.

Ein Beispiel dazu bietet die Geschichte vom verlorenen Sohn. Als er total heruntergekommen bei den Schweinen landet, sagt er: *„Ich will mich aufmachen und zu meinem Vater gehen"* (Lukas 15,18). Ein solches Wollen legt Gott in unser Herz. Und zwei Verse weiter steht: *„Und er machte sich auf und kam zu seinem Vater."* Und auch ein solches Vollbringen: dass man ankommt, wo Gott uns hinhaben will, schenkt Gott. Der junge Mann musste allerdings auf diesem Weg *„mit Furcht und Zittern"* sich zu einem existenziellen Ja durchringen.

So ist Christsein: voller Einsatz – mit der Gewissheit, dass Gott das Wollen und das Vollbringen schenkt.

106 Unterwegs zum Gipfelkreuz

Der Buchstabe tötet, aber ***der Geist macht lebendig****.* (2. Korinther 3,6)

Erklären Sie einmal einem Gelähmten, welche Ausrüstung man zu einer Bergbesteigung braucht, welche Regeln dabei zu beachten sind, und ermutigen Sie ihn, jetzt einen Berg zu bezwingen! Es liegt doch eindeutig auf der Hand, dass auch die besten Instruktionen und die perfekteste Ausrüstung einen Gelähmten nicht in die Lage versetzen, das zu tun. Im Gegenteil, alle Informationen über das Bergsteigen werden ihm seine Behinderung nur noch mehr bewusst machen. Es ist also nicht nur vergebliche Liebesmüh, sondern ein tötendes Unterfangen.

„Der Buchstabe tötet", lesen Sie in unserer Verheißung. Mit „Buchstabe" ist hier das Gesetz gemeint – etwa die Zehn Gebote. Sie sind nicht in der Lage, neues Leben zu vermitteln. Sie sind nicht in der Lage, Kraft zu geben. Sie sind wie die Aufforderung zur Bergbesteigung für einen Gelähmten. Der Apostel Paulus schreibt: *„Denn was dem Gesetz unmöglich war, weil es durch das Fleisch* – durch die menschliche Behinderung – *geschwächt war, das tat Gott: Er sandte seinen Sohn …"* (Römer 8,3). Durch Jesus Christus, durch sein Sterben und Auferstehen, wurde die Tür für den Heiligen Geist geöffnet, für den *„Geist, der lebendig macht"*. Allein der Geist Gottes versetzt Sie in die Lage, Jesus Christus nachzufolgen und Gottes Willen zu tun. Jetzt können Sie die „Bergbesteigung" in die Ewigkeit mit dem Bergführer Jesus unternehmen. Der Heilige Geist, der ein *„Geist der Kraft"* ist, wird Ihnen auch bei steilen und schwierigen Wegstrecken helfen. Mit ihm werden Sie das Gipfelkreuz erreichen – das ewige Leben, das Leben in unaufhörlicher Gemeinschaft mit Gott. Geben Sie auch heute dem Geist, der lebendig macht, Raum in Ihrem Leben.

107 Das Glaubensexamen

Werft euer Vertrauen nicht weg, ***welches eine große Belohnung hat.*** (Hebräer 10,35)

Ein solches Glaubensexamen erlebten wir, meine Frau und ich, bei unserer ersten Dienstzuweisung. Das erste Gemeindeangebot faszinierte uns. Leider zerschlug es sich wenige Wochen vor dem Umzug. Dann kam eine Gemeinde mit einem gerade neu erbauten Gemeindezentrum ins Gespräch. Doch diese Gemeinde lehnte mich ab; sie wollten keinen jungen, noch unerfahrenen Pastor. Die dritte Gemeinde, die wir nun tatsächlich übernehmen sollten, war für uns ein Tiefschlag. Es gab dort wirklich nichts, was uns anzog. Die Gemeinde war klein und überaltert, die Wohnung heruntergekommen, der Gottesdienstraum unansehnlich. Aber wir entschlossen uns, den Weg des Vertrauens zu gehen.

Was wir dann an diesem Ort und darüber hinaus erlebten, kann am besten mit den Worten der oben stehenden Verheißung beschrieben werden: *„eine große Belohnung"*. Zuerst beschenkte mich Jesus Christus mit einer neuen, tiefen und dynamischen Gebetserfahrung. Gottes Geist erfüllte mich an einem Morgen zwischen fünf und sechs Uhr so stark, dass Gebet, Bibelstudium, Seelsorge und Predigt eine neue Tiefe und Kraft bekamen. Dann öffneten sich viele Türen für den evangelistischen Dienst. Hunderte, vor allem junge Menschen, entschieden sich bei missionarischen Schuleinsätzen, Evangelisationen und Offenen Abenden für Jesus Christus und wurden in ihrem Lebensumfeld zu brennenden Zeugen für ihn. Unser Vertrauen wurde überwältigend belohnt.

Stehen Sie zurzeit vielleicht in einem ähnlichen Glaubensexamen? Das kann auch eine Krankheit, eine zerbrochene Beziehung oder eine verlorene Arbeitsstelle sein …

Bitte, werfen Sie Ihr Vertrauen, dass Jesus Sieger ist, nicht weg. Sprechen Sie das mit neuer Hingabe vor ihm aus: Ich will dir vertrauen! Er wird auch Sie göttlich belohnen.

108 Sehnsucht nach Hilfe

***Ich will Hilfe schaffen** dem, der sich danach sehnt.* (Psalm 12,6)

Wem will Gott helfen? Die Antwort der Verheißung lautet: *„dem, der sich danach sehnt."* Könnte es sein, dass wir oft leer ausgehen, dass Hilfe ausbleibt, weil wir uns nicht wirklich danach sehnen? Wenn ein Mensch sich nach etwas wirklich sehnt, dann ist das wie eine „Sucht". Darum sprechen wir auch von „Sehnsucht". „Sucht" ist allerdings ein negativ besetzter Begriff. Vielleicht denken Sie dabei an Drogen oder Alkohol. Wenn jemand wirklich süchtig ist, dann bestimmt das sein ganzes Leben, sein Denken, Fühlen und Wollen. Dann setzt er alles ein, um das Suchtmittel zu kommen. „Sehnsucht" dagegen weckt positive Empfindungen. Hier denken wir möglicherweise an zwei Menschen, die sich lieben, aber voneinander getrennt sind. Der Geliebte hat so viel Raum im Herzen des andern, dass er alle seine Gefühle in Anspruch nimmt, das Denken beherrscht, den Willen bestimmt. Er wird Mittel und Wege suchen, um mit dem Geliebten in Verbindung zu kommen. Das ist „Sehnen".

Ich übertrage das auf die Hilfe, die Sie von Gott erwarten. Sehnen Sie sich wirklich danach? Ist das ganz tief in Ihrem Herzen verankert? Begleitet es Sie vom Morgen bis zum Abend? Träumen Sie gelegentlich davon? Ist das der lautlose Schrei des Herzens zu Gott? Oder ist die Bitte um Hilfe nur ein oberflächlicher Gebetswunsch, der wenige Minuten nach dem Amen schon vergessen ist? Finden Sie sich möglicherweise mit Ihrem nicht erhörten Gebet zu schnell ab? Richten Sie sich ein, mit diesem Vakuum zu leben, den gegenwärtigen Status hinzunehmen? *„Ich will Hilfe schaffen dem, der sich danach sehnt."* Überprüfen Sie die Qualität Ihres Sehnens und wenden Sie sich Gott neu zu – mit Vertrauen, mit Sehnsucht und mit Hingabe.

109 Wirklich stark

Habe ich dir nicht gesagt: Wenn du glaubst, ***wirst du die Herrlichkeit Gottes sehen?*** (Johannes 11,40)

Diese Verheißung hat Jesus auf einem Friedhof einer enttäuschten und entsetzten Frau zugesprochen. Enttäuscht war sie, weil Jesus ihre dringende Bitte, ihren Bruder zu heilen, einige Tage zuvor mit dem Satz abgetan hat: *„Diese Krankheit ist nicht zum Tode, sondern zur Verherrlichung Gottes"* (Johannes 11,4). Nun war er doch gestorben und Jesus, der Freund des Hauses, kam vier Tage zu spät. Jetzt stand er auf dem Friedhof in Betanien vor dem Felsengrab. Viele, die um den Verstorbenen trauerten, umringten Jesus. Er hörte, was sie hinter seinem Rücken einander zuraunten: *„Er hat dem Blinden die Augen aufgetan; konnte er nicht auch machen, dass dieser nicht sterben musste?"*

Da plötzlich gab Jesus einen Befehl, der Marta, die Schwester des Verstorbenen, entsetzte. Er sagte: *„Hebt den Stein weg!"* „Nein!", rief Marta, „er stinkt schon, er ist schon am Verwesen." Wie würde Jesus nun reagieren? In diese spannungsgeladene Atmosphäre hinein sagte er zu Marta: *„Habe ich dir nicht gesagt: Wenn du glaubst, wirst du die Herrlichkeit Gottes sehen?"* Und dann rief er mit Vollmacht in die offene Gruft: *„Lazarus, komm heraus!"* Wie von einem gewaltigen Magneten gezogen erschien der Verstorbene.

Wenn Jesus Christus Unmögliches möglich macht, wenn Gebete auf wunderbare Weise erhört werden, Menschen, die mit Gott nichts am Hut hatten, plötzlich Jesus nachfolgen, wenn Türen, die mehrfach verschlossen waren, sich öffnen, dann ist das immer ein Erleben der Herrlichkeit Gottes. *„Wenn du glaubst …"*, hat Jesus gesagt. Es ist ein starker Aufruf zum Vertrauen und das gilt auch für Sie heute.

110 Sie sind der Gewinner!

*Denn wer da hat, **dem wird gegeben werden, und er wird die Fülle haben**.* (Matthäus 25,29)

Ist das nicht das ungerechte Prinzip dieser Welt? Die Reichen werden immer reicher und natürlich die Armen immer ärmer. Wer nur ein wenig Gerechtigkeitsempfinden hat, der wehrt sich gegen ein solches Geschehen. Und nun steht das auch noch in der Bibel. Jesus sagt das – *„wer da hat, dem wird gegeben werden"* – und das soll eine Verheißung sein? Eine Unrechtsverheißung? Nein! Denn der Textzusammenhang zeigt etwas anderes.

Jesus erzählt die Geschichte eines Unternehmers, der seinen drei Geschäftsführern große Summen Geld anvertraut und sie bittet, es so anzulegen, dass es Rendite bringt. Zwei tun das auch, aber der Dritte versteckt das Geld und legt sich auf die faule Haut. Als der Chef nach einer langen Reise zurückkehrt, kommt alles ans Licht. Dem faulen Geschäftsführer wird daraufhin das Geld genommen und dem anvertraut, der am meisten erwirtschaftet hatte.

Das Gleichnis muss geistlich übertragen werden. Jesus Christus hat Ihnen bei Ihrer Bekehrung und Wiedergeburt geistliche Gaben anvertraut. Dem einen mehr, dem anderen weniger. Nun kommt es darauf an, was Sie im Laufe Ihres Christseins damit machen. Lassen Sie die Gaben verkümmern oder setzen Sie sie ein zur Ehre Gottes und zum Heil für Menschen? In diese Situation hinein spricht Jesus: *„Wer da hat, dem wird gegeben werden."* Wenn Sie das, was Gott Ihnen an Gaben anvertraut hat, einsetzen, wird Ihnen immer mehr gegeben werden, und Sie werden im Rückblick staunend bekennen, dass Jesus Christus Ihnen die Fülle gegeben hat. Darum ermutigt Sie diese Verheißung, ganz für Jesus Christus zur Verfügung zu stehen. Dabei sind Sie immer der Gewinner!

111 Alles für ihn

Alles, was ihr tut, das tut von Herzen als dem Herrn und nicht den Menschen, denn ihr wisst, ***dass ihr von dem Herrn als Lohn das Erbe empfangen werdet****. Ihr dient dem Herrn Christus!* (Kolosser 3,23-24)

„*Alles*" – hier gibt es keine Ausnahme. Das gilt für die großen und die kleinen Aufgaben des Lebens. Das gilt für die Dinge, die wir mit Begeisterung tun – weil sie uns liegen – wie auch für die Dinge, die wir schnell vom Tisch haben wollen – weil sie uns lästig sind. Das gilt für das Alltägliche und es gilt für das Außergewöhnliche. Das gilt für alle Aufgaben im Haus und für alle Tätigkeiten außerhalb des Hauses. Das gilt von der ersten Minute des Tages an bis zur letzten Minute. Alles, was Sie tun, sollen Sie mit Herz tun, mit Hingabe, mit Liebe. Wie würde das Ihr Leben verändern, wenn Sie nichts mehr nebenbei tun, sondern alles mit Herz und alles so, als ob Sie es für Jesus Christus tun würden? Dabei ist „als ob" eigentlich die falsche Formulierung. Sie sollen es ja tatsächlich für Jesus Christus tun. Essen und Trinken für ihn. Arbeiten und Ruhen für ihn. Sprechen und Schweigen für ihn. Angenehmes und Unangenehmes für ihn. „*Alles!*" „Das geht doch gar nicht", denken Sie vielleicht, und Sie fragen sich womöglich: „Schafft das denn der Friedhold Vogel?" Nein, auch ich schaffe das nicht! Aber ich übe mich darin. Es ist ein Einüben in ein Leben, Reden und Tun mit ganzem Herzen für Jesus. Ich möchte bei allem Jesus Christus, der für mich gestorben und auferstanden ist, vor Augen haben.

Genau da gilt die Verheißung: „*… denn ihr wisst, dass ihr von dem Herrn als Lohn das Erbe empfangen werdet.*" Das Erbe ist das Sein im Himmel, die Gemeinschaft mit Gott. In der Bibel steht: „*Was kein Auge gesehen hat und kein Ohr gehört hat und in keines Menschen Herz gekommen ist, was Gott bereitet hat denen, die ihn lieben*" (1. Korinther 2,9). Das alles steht auch Ihnen zur Verfügung!

112 Sein wie Jesus

*Wir sind schon Gottes Kinder; es ist aber noch nicht offenbar geworden, was wir sein werden. Wir wissen aber: wenn es offenbar wird, **werden wir ihm gleich sein;** denn wir werden ihn sehen, wie er ist.* (1. Johannes 3,2)

Es gibt kein größeres Vorrecht, als ein Kind Gottes zu sein. Der Apostel Johannes schreibt dazu: „*Seht, welch eine Liebe hat uns der Vater erwiesen, dass wir Gottes Kinder heißen sollen – und wir sind es auch!*" (1. Johannes 3,1). Gott greift in seiner Liebe nach sündigen Menschen und macht sie zu seinen Kindern. Das ist unglaublich, aber wahr. Weil das so unfassbar ist, darum hat der Apostel das markant unterstrichen mit den Worten: „*… und wir sind es auch.*" Es ist also keine Einbildung, kein frommer Wunsch, keine religiöse Wahnidee – es ist Tatsache.

Der dann folgende Vers beginnt mit den Worten: „*Wir sind schon Gottes Kinder.*" Jetzt schon und trotz all unserer Fehler und unseres Versagens. Doch zusätzlich öffnet uns diese Verheißung eine wunderbare Tür für die Zukunft. Sie verrät uns, dass wir im Himmel einmal eine besondere Stellung einnehmen werden. Wie das genau aussehen wird, ist noch verborgen, doch das Wichtigste ist uns gesagt: „*Wir werden ihm gleich sein; denn wir werden ihn sehen, wie er ist.*" Auf Sie zugespitzt: Sie werden sein wie Jesus.

Ist das nicht eine atemberaubende Perspektive für die Zukunft? So mit Liebe erfüllt zu sein wie er. So kraftvoll zu sein wie er. So herrlich zu sein wie er. So vollkommen zu sein wie er. Wenn Sie eines Tages im Himmel die Augen öffnen und Jesus Christus sehen, dann wird es eine letzte Verwandlung geben, dann „*werden Sie ihm gleich sein*". Das sollte heute schon Ansporn sein, alles, was dem Charakter von Jesus nicht entspricht, abzulegen und sich von ihm verändern zu lassen.

113 Der Tag X

Dieser Jesus, der von euch weg gen Himmel aufgenommen wurde, ***wird so wiederkommen, wie ihr ihn habt gen Himmel fahren sehen.*** (Apostelgeschichte 1,11)

Können Sie sich die entsetzten Gesichter der Männer und Frauen vorstellen, als Jesus Christus sich von ihnen verabschiedete und in seine Welt zurückging? Sie schauten ihm fassungslos nach. Zwar hatte er versprochen, dass er bei ihnen sein würde – „alle Tage", hatte er gesagt –, aber wie sollte das aussehen?

In diese Überlegungen hinein erschienen ihnen plötzlich zwei Engel, und aus ihrem Mund hörten sie die wunderbare Verheißung: *„Dieser Jesus … wird so wiederkommen, wie ihr ihn habt gen Himmel fahren sehen."* Er wird also real und sichtbar wiederkommen.

Vor vielen Jahren holte ich einen bekannten christlichen Referenten vom Flughafen ab. Während der Fahrt kamen wir auch auf Endzeitfragen und die sichtbare Wiederkunft von Jesus Christus zu sprechen. Er lächelte überlegen und sagte: „Wenn Jesus sichtbar wiederkommt, wird er dann Salamander-Schuhe tragen?" Diese flapsige Bemerkung war ein Zeichen seiner Glaubenshaltung. Im weiteren Gespräch machte er unmissverständlich klar, dass er nicht daran glaubt, dass Jesus noch einmal unseren Planeten betreten wird. Wer jedoch das leugnet, der muss Hunderte von Bibelstellen streichen und der leugnet eine der zentralen Aussagen der Bibel.

Durch alle Jahrhunderte hindurch hat die christliche Gemeinde das Thema der „Wiederkunft Jesu" ernst genommen. Und gerade heute, wo sich viele globale Zukunftsaussagen der Bibel erfüllen, ist das eine Verheißung der Hoffnung. Nehmen Sie sie ganz fest in Ihr Herz auf und richten Sie Ihr Leben darauf ein.

114 Wozu ein Scheinwerfer gut ist

Er (der Heilige Geist) ***wird mich verherrlichen,*** *denn von dem Meinen wird er's nehmen und euch verkündigen.* (Johannes 16,14)

Das ist eine der wichtigen Grundaussagen über das Ziel und die Aufgabe des Heiligen Geistes: Er verherrlicht Jesus Christus. Er stellt Jesus Christus in den Mittelpunkt. Er macht Jesus Christus groß. Der Heilige Geist will nicht, dass *er* verherrlicht wird. Er will nicht selbst im Mittelpunkt stehen, nicht angebetet und gelobt werden. Er will uns dazu bewegen, dass wir Jesus Christus anbeten, ihn ehren, ihn loben, auf ihn sehen.

Ich will das anhand eines Beispiels erklären: Sie machen an einem Abend einen Spaziergang in einer Ihnen unbekannten Stadt. Plötzlich wird Ihre Aufmerksamkeit auf eine Kirche gelenkt. Ein Scheinwerfer strahlt sie an. Da es bereits dunkel ist, wäre Ihnen diese Sehenswürdigkeit nicht aufgefallen, wenn nicht der Scheinwerfer sie beleuchtet hätte. So aber ist sie unübersehbar und hebt sich von allen anderen Gebäuden ab.

Übertragen Sie das auf den Heiligen Geist und auf das, was Jesus über den Heiligen Geist gesagt hat: *„Der Heilige Geist wird mich verherrlichen."* Das heißt doch: Der Heilige Geist wird mich anstrahlen, mich in den Mittelpunkt stellen, auf mich hinweisen. Darum ist überall dort der Heilige Geist am Werk, wo Jesus Christus groß gemacht wird, wo Jesus Christus bezeugt wird, wo zu Jesus Christus gerufen wird. Jesus Christus sagte zu seinen Jüngern: *„Ihr werdet die Kraft des Heiligen Geistes empfangen, der auf euch kommen wird, und werdet meine Zeugen sein"* (Apostelgeschichte 1,8).

Der Heilige Geist will auch Ihnen die Kraft, die Weisheit und die Liebe geben, mit Ihrem Leben und mit Ihren Worten ein Zeuge für Jesus Christus zu sein und ihn damit zu ehren.

115 Die Frucht der Liebe

Die Frucht des Geistes ist Liebe, Freude, Friede, Geduld, Freundlichkeit, Güte, Treue, Sanftmut, Keuschheit. (Galater 5,22-23)

Ich erinnere mich noch genau an den kleinen Apfelbaum, den unser Vater in unserem Garten gepflanzt hatte. Immer wieder blieb ich als Kind vor ihm stehen und hielt nach Äpfeln Ausschau. Im ersten Jahr waren jedoch noch keine zu sehen. Aber im folgenden Jahr blühte er und trug Äpfel. Sie waren noch klein und es waren nicht viele, aber sie schmeckten herrlich.

Ein Apfelbaum ist dazu da, dass er Frucht trägt. Wer mit Jesus Christus lebt, wird Frucht bringen – und zwar Frucht, die der Heilige Geist in ihm reifen lässt. Das ist eine der wunderbaren Verheißungen der Bibel: *„Die Frucht des Geistes ist Liebe, Freude, Friede, Geduld, Freundlichkeit, Güte, Treue, Sanftmut, Keuschheit.“* Da in dieser Verheißung von der Frucht des Geistes gesprochen wird – also in der Einzahl – und danach als Erstes die Liebe genannt wird, kann gesagt werden, dass die Liebe die Frucht des Geistes ist. Alle anderen danach genannten Eigenschaften sind eine Auffächerung oder eine Konkretisierung dieser Liebe. Freude könnte man „strahlende Liebe“ nennen, Friede „verzeihende Liebe“, Geduld „tragende Liebe“, Güte „erbarmende Liebe“, Treue „beständige Liebe“, Sanftmut „tragende Liebe“, Keuschheit „reine Liebe“.

Liebe ist immer praktisch und sie bewährt sich im Alltag und im menschlichen Miteinander. Im griechischen Text der Bibel steht für Liebe der Begriff *agape*. Das ist die Bezeichnung für die Liebe Gottes. Man kann die Auswirkungen der Liebe Gottes zwar zu imitieren versuchen, doch wird das immer nur beim kläglichen Versuch bleiben. Nur der Heilige Geist kann diese Frucht der Liebe reifen lassen, und er wird es tun, wenn Sie ihm Raum und Handlungsfreiheit in Ihrem Leben geben.

116 Geöffnete Augen

Wenn aber jener, der Geist der Wahrheit, kommen wird, ***wird er euch in alle Wahrheit leiten****.* (Johannes 16,13)

Es ist der Heilige Geist, der erklärt, deutet und konkretisiert, was Jesus gesagt hat. Ohne den Heiligen Geist ist die Bibel ein versiegeltes Buch. Weil sie vom Heiligen Geist inspiriert geschrieben wurde, kann sie nur von denen verstanden werden, die sich für den Heiligen Geist öffnen. Er führt, wie Jesus gesagt hat, „*in alle Wahrheit*".

Wenn Gottes Geist eine Wahrheit aufzeigt, dann ist das nicht nur ein verstandesmäßiges Erkennen, sondern es ist ein Gepacktsein, ein Durchdrungensein der gesamten Persönlichkeit. Das kann zum Zerbruch führen, zu Erschütterungen, zu Tränen, aber dann auch zur Freude und Begeisterung.

Ich habe das auch in meinem Leben immer wieder erfahren. Noch genau erinnere ich mich an ein solches Erlebnis an einem frühen Morgen 1971. Meine Gebete waren zur Routine geworden – zu einem Reden mit Gott ohne Liebe, ohne Glauben, ohne Begeisterung, ohne Freude. Plötzlich öffnete mir der Heilige Geist die Augen. Das war so erschütternd für mich, dass ich vor Gott zusammenbrach. Weinend lag ich auf dem Boden. Sehnsucht nach Echtheit und Liebe brachen in mir auf. Und Jesus Christus beschenkte mich wie nie zuvor mit seiner Gegenwart und mit dem Geist des Gebets. Unbeschreibliche Kraft und Freude durchströmten mich. Schon vor diesem Erlebnis hatte ich zu Jesus Christus gehört – aber jetzt folgte ich ihm begeistert und in ganzer Hingabe. Ich hatte auch schon vorher gebetet – aber jetzt betete ich mit Liebe und tiefer Bewegung des Herzens.

Jesus hat es versprochen: „*Der Geist der Wahrheit wird euch in alle Wahrheit leiten.*" Das ist es, was Ihr Leben prägt und Sie zu Werkzeugen seiner Liebe macht.

117 Leben mit Rückgrat

*Demütigt euch vor dem Herrn, **so wird er euch erhöhen**.* (Jakobus 4,10)

Wenn Sie bereit sind, sich zu demütigen, wird Gott Sie erhöhen – das ist eine wunderbare Zusage. Echtes Christsein beginnt immer damit, dass ein Mensch sich demütigt, dass er erkennt, dass er ein Sünder ist, dass er einsieht, dass er verloren ist und einen Retter braucht. Wenn er mit dieser demütigen Haltung Jesus bittet, ihn anzunehmen und ihm ein neues Leben zu schenken, erhöht ihn Gott über alle Geschöpfe des Universums.

Gott macht ihn erstens zu seinem Kind: *„Alle, die Jesus Christus in ihr Leben aufnahmen, denen gab er die Autorität, Kinder Gottes zu werden"* (Johannes 1,12/eigene Übersetzung). Gott macht ihn zweitens zu einem Bürger des Himmels: *„So seid ihr nun nicht mehr Gäste und Fremdlinge, sondern Mitbürger der Heiligen und Gottes Hausgenossen"* (Epheser 2,19). Und Gott macht ihn drittens zu einem Erben der Herrlichkeit: *„Er gebe euch erleuchtete Augen des Herzens, damit ihr erkennt, … wie reich die Herrlichkeit seines Erbes für die Heiligen ist"* (Epheser 1,18).

Aber dieses *„Demütigt euch vor dem Herrn"* darf nicht nur eine Haltung des Anfangs im Glauben sein, sondern es muss zu einem Lebensstil werden, zur Grundhaltung des Christseins. Es muss jeden Tag in vielen konkreten Situationen immer wieder eingeübt werden, und es muss aus der Erkenntnis heraus geschehen, dass alles im Leben, Sekunde um Sekunde, Geschenk von Gott ist. Wer realisiert, dass er ein von Gott Beschenkter ist und sich so vor Gott demütigt, der kann vor Menschen stehen. Er bekommt ein geistliches Rückgrat, ist nicht mehr abhängig von Menschengefälligkeit und verliert die Menschenfurcht. Nur so ist es möglich, als Kind Gottes zur Ehre Gottes zu leben. Sind Sie dazu heute bereit?

118 Das Wichtigste

Wie viele ihn (Jesus) *aber aufnahmen,* ***denen gab er Macht*** (= Berechtigung)***, Gottes Kinder zu werden,*** *denen, die an seinen Namen glauben.* (Johannes 1,12)

„Ich glaube alles, was Sie gesagt haben", erklärte mir nach einer Predigt ein junger Mann. Und fügte dann hinzu: „Aber mein Freund macht mich immer wieder darauf aufmerksam, dass mir noch etwas Entscheidendes fehlt." Bei dieser Bemerkung schaute er zu einem Mitarbeiter aus unserem Evangelisationsteam. „Der Glaube spielt im Christsein eine entscheidende Rolle", antwortete ich, „aber es darf nicht nur ein Kopfglaube sein, ein Fürwahrhalten von Aussagen der Bibel."

Nachdem wir uns gesetzt hatten, öffnete ich meine Bibel und zeigte ihm die oben genannte Verheißung. Als er sie gelesen hatte, fragte ich: „Was ist das Wichtigste in dieser Verheißung?" Nach kurzem Überlegen antwortete er: „Gottes Kinder zu werden." „Ja", entgegnete ich, „und nun wird in dieser Verheißung erklärt, was man tun muss, um ein Kind Gottes zu werden. Lies noch einmal." Spontan sagte er: „Jesus aufnehmen." „Genau das ist es", antwortete ich. „Es wird also nicht gesagt: ‚Wie viele die Grundwahrheiten der Bibel glauben, denen gab er Macht, Gottes Kinder zu werden.' Gottes Wort sagt: Denen, die Jesus in ihr Leben aufnehmen, gibt er die Berechtigung, sich Kinder Gottes zu nennen. Dabei geht es um das Herz, um das Zentrum der Person. Jesus Christus lebt und wenn jemand ihn bittet, in sein Leben zu kommen, dann ist er von diesem Augenblick an berechtigt, sich ein Kind Gottes zu nennen. Meine Frage an dich: Hast du Jesus schon aufgenommen?" „Nein, das habe ich jetzt zum ersten Mal gehört, aber ich will Jesus aufnehmen." „Wunderbar! Dann sage es ihm jetzt in einem Gebet."

Jesus aufnehmen ist das Wichtigste. Haben Sie es schon getan?

119 Gelöschte Sünden

Damit ihr aber wisst, dass ***der Menschensohn Vollmacht hat, auf Erden Sünden zu vergeben*** … (Lukas 5,24)

Da lag der Gelähmte vor Jesus. Seine Freunde hatten ihn hergetragen, und weil kein Durchkommen war, stiegen sie am Hintereingang die Freitreppe hoch, deckten einen Teil des Daches ab und seilten ihn nach unten. Eine aufregende Aktion, nicht nur für den Gelähmten und seine Freunde, sondern auch für alle Zuhörer.

Was jedoch dann geschah, war noch viel aufregender. Jesus sagte zu dem Gelähmten: „*Deine Sünden sind dir vergeben.*" Das war für die religiöse Oberschicht eine unglaubliche Anmaßung. Es war Gotteslästerung! Für die Freunde, die ihn zu Jesus geschleppt hatten, war das eine hochgradige Enttäuschung. Und für den Gelähmten war es ganz einfach blamabel. Nach einigen Minuten verwirrten Schweigens wandte sich Jesus an die religiöse Elite und fragte: „*Was ist leichter, zu sagen: Dir sind deine Sünden vergeben, oder zu sagen: Steh auf und geh umher?*" Schweigen und giftige Blicke waren die Reaktion! Herausfordernd sagte Jesus nun: „*Damit ihr aber wisst, dass der Menschensohn Vollmacht hat, auf Erden Sünden zu vergeben …*" Dann schaute er den Gelähmten an und sagte: „*Ich sage dir, steh auf, nimm dein Bett und geh heim.*" Die Bibel berichtet weiter: „*Und sogleich stand er auf vor ihren Augen.*"

Jesus ist autorisiert, beides zu tun, zu heilen und zu vergeben. Heilen kann er als der Sohn Gottes. Und er ist allein dazu bevollmächtigt, Sünden zu vergeben, denn er hat die Sünden aller Menschen ans Kreuz getragen und ist dafür gestorben. Er hat die Autorität, auch in Ihrem Leben alle dunklen Bereiche, alles Fehlverhalten, kurz: alle Sünden zu löschen. Schleppen Sie nicht diesen dunklen Ballast mit sich herum. Laden Sie alles bei Jesus Christus ab.

120 Jetzt lebe ich

*Wer an den Sohn Gottes glaubt, **der hat das ewige Leben**.* (Johannes 3,36)

Gibt es Menschen, die ewig leben? Von der menschlichen Logik her muss darauf mit „Nein“ geantwortet werden. Wir sind alle nur ein vergleichsweise kurzer, vergänglicher Windhauch. Das zeigen die Beerdigungsinstitute, die Friedhöfe und die Todesanzeigen. Unser Körper ist nicht für die Ewigkeit geschaffen. Und doch gibt es Millionen auf unserem blauen Planeten, die ewig leben werden, weil sie jetzt schon ewiges Leben haben. Davon spricht unsere Verheißung. Gemeint sind Menschen, die an Jesus Christus glauben.

Das biblische Grundtextwort für „Glaube“ kann besser noch mit „Vertrauen“ oder „Bindung“ übersetzt werden. Wenn ein Mensch sich Jesus Christus anvertraut, sich an ihn bindet, dann erhält er in diesem Augenblick ewiges Leben.

Das ist vergleichbar mit einer Glühbirne. Wenn sie in die Fassung eingedreht wird und so mit dem elektrischen Strom in Verbindung kommt, beginnt sie zu leuchten. Wer mit Jesus Christus in Verbindung kommt, der ist in diesem Augenblick angeschlossen an das Leben, das unvergänglich ist. In der Bibel lesen wir: *„Wer den Sohn hat, der hat das Leben; wer den Sohn Gottes nicht hat, der hat das Leben nicht“* (1.Johannes 5,12). Haben Sie ewiges Leben? Wenn ja, dann hat der Tod seine Macht über Sie verloren. Dann gibt es keine Hoffnungslosigkeit. Die Zukunft hat schon für Sie begonnen – es ist das ewige Leben, die unendliche Gemeinschaft mit Gott, dem Vater, und mit Jesus Christus, seinem Sohn. Und dieses Leben soll auch diesen Tag erfüllen und prägen.

Ein junger Geschäftsmann, der nach einem evangelistischen Vortrag Jesus Christus als Retter und Herrn annahm, sagte nach dem Übereignungsgebet an Jesus: „Jetzt lebe ich!“ Können Sie das mit Gewissheit und Freude nachsprechen?

121 Wenn das Licht fehlt

Ich bin in die Welt gekommen als ein Licht, damit, wer an mich glaubt, ***nicht in der Finsternis bleibe.*** (Johannes 12,46)

Während einer Vortragswoche wohnte ich bei einem Großbauern. In der ersten Nacht wachte ich aus unerklärlichen Gründen auf. Ich drückte den Lichtschalter, aber es blieb dunkel. Seltsam, dachte ich, stand auf und suchte nach einer anderen Lichtquelle. Vergeblich. Da ich gerade die Türklinke erwischte, öffnete ich die Tür und tastete mich im Flur entlang. Irgendwo würde ich doch einen Lichtschalter entdecken. Aber alles Suchen war umsonst. Und plötzlich wusste ich nicht mehr, wo mein Zimmer war. Es war das Stockwerk, auf dem auch die anderen Bewohner des Hauses schliefen. Peinlich, wenn ich ein falsches Zimmer betreten würde. Unschlüssig blieb ich stehen. Zum Glück hatte ich meine Zimmertür nur angelehnt und so fand ich mich doch noch zurecht.

Finsternis – ein Bild für Ratlosigkeit, Orientierungslosigkeit und Angst. Licht ist genau das Gegenteil. Wo Licht aufleuchtet, ist Durchblick, findet man sich zurecht. Jesus Christus sagte: *„Ich bin in die Welt gekommen als ein Licht."* Wenn Sie sich im Leben zurechtfinden wollen, brauchen Sie Jesus Christus. Er ist die Lichtquelle, die Ihnen Durchblick gibt. Wer sich ihm anvertraut, weiß, woher er kommt, wozu er lebt und wohin er geht.

Woher kommen Sie? Sie sind kein Zufallsprodukt, keine „Laune der Natur". Sie sind ein Gedanke Gottes. Er hat Sie gewollt.

Wozu leben Sie? Der tiefste Sinn Ihres Lebens ist Gemeinschaft mit Jesus Christus. Dazu hat Gott Sie berufen (1. Korinther 1,9).

Wohin gehen Sie? Mit Jesus Christus sind Sie unterwegs zum Himmel. Darum liegt das Schönste immer noch vor Ihnen. Keine Frage – es lohnt sich, mit Jesus zu leben.

122 Sind Christen „in“?

Das habe ich mit euch geredet, ***damit ihr in mir Frieden habt****. In der Welt habt ihr Angst; aber seid getrost, ich habe die Welt überwunden.* (Johannes 16,33)

Sind Christen *out*? Nein, Christen sind *in*, und das im doppelten Sinn: Sie sind wie alle Menschen „in“ der Welt. Jesus sagt: *„In der Welt habt ihr Angst.“* Mit Welt sind hier die antichristlichen Mächte (Satan, Dämonen und Geister) und die antichristlichen Systeme (politische und religiöse Ideologien) gemeint, alles, was Verführung und Verfolgung bedeutet. Wir leben in einer von Gott abgefallenen Welt, in einer Welt, die von einem „Möchtegern-Gott“ regiert wird. Erinnern wir uns an das groß angelegte Versuchungsszenario Satans: *„Und der Teufel führte ihn* (Jesus) *hoch hinauf und zeigte ihm alle Reiche der Welt in einem Augenblick und sprach zu ihm: Alle diese Macht will ich dir geben und ihre Herrlichkeit; denn sie ist mir übergeben und ich gebe sie, wem ich will“* (Lukas 4,5-6). Beachten Sie dabei die Aussage: „… *sie* – die Welt – *ist mir übergeben.“*

Aber Christen sind nicht nur und nicht zuerst „in“ der Welt, Christen sind zuerst „in“ Christus. Jesus sagte zu seinen Jüngern: „… *damit ihr in mir Frieden habt.“* Dieses „In-Sein“ bedeutet Frieden, Geborgenheit und Sicherheit. Dabei sollten Sie sich immer wieder vergegenwärtigen, wenn Sie zu Jesus gehören, dass Sie zuerst in ihm sind und erst dann in der Welt.

Sie können das mit einem Tiefseeforscher vergleichen. Ein Tiefseeforscher ist bei seiner Tätigkeit zuerst in der Taucherglocke und dann im Meer. Die Taucherglocke schützt ihn vor dem ungeheuren Wasserdruck und vor den anderen Gefahren des Meeres. Jesus hat mit seinem Sterben und Auferstehen die Welt besiegt, und in ihm sind Sie mit hineingenommen in seinen Sieg. Das ist das wunderbare und erstaunliche „In-Sein“ der Kinder Gottes.

123 Die Stunde der Wahrheit

Wenn aber Christus, euer Leben, sich offenbaren wird, ***dann werdet ihr auch offenbar werden mit ihm in Herrlichkeit.*** (Kolosser 3,4)

Das wird die Stunde der Wahrheit sein, wenn Jesus Christus aus der Verborgenheit heraustritt und als der König der Könige und der Herr der Herren erscheint. Dann werden die Lüge, der Schein, die Maskerade dieser Welt zusammenbrechen. Jeder wird erkennen, dass er, der Gekreuzigte, der *„wahrhaftige Gott und das ewige Leben"* (1. Johannes 5,20) ist. Dieser große Brennpunkt der Geschichte Gottes wird zum Beispiel in folgenden Texten der Bibel beschrieben: *„… der Menschensohn kommt in der Herrlichkeit seines Vaters …"* (Matthäus 16,27); *„… alle Geschlechter auf Erden werden sehen den Menschensohn kommen … mit großer Kraft und Herrlichkeit"* (Matthäus 24,30). Herrlichkeit ist der Leitbegriff dieser Texte und diesen Begriff finden Sie auch am Ende unserer Verheißung.

Das Erstaunliche, ja geradezu Unfassbare ist, dass er mit uns in Verbindung gebracht wird. Es heißt: *„… dann werdet ihr auch offenbar werden mit ihm in Herrlichkeit."* Bei dieser Herrlichkeitsoffenbarung vor aller Welt werden die Kinder Gottes, die Jesusnachfolger, dabei sein. Dabei müssen allerdings drei Worte besonders beachtet werden: *„Christus, euer Leben"*. Das ist die Voraussetzung für *„das Offenbarwerden mit ihm in Herrlichkeit"*.

Hand aufs Herz: Können Sie sagen: „Christus ist mein Leben"? Ist Jesus Christus wirklich der, um den sich alles in Ihrem Leben dreht? Ist er Ihre Leidenschaft, Ihre Sehnsucht, Ihr Zentrum? Oder ist Gesundheit Ihr Leben? Sind es Hobbys? Arbeit? Studium? Karriere? Ehe? Familie? Vergnügen? Geben Sie ihm heute die Lebensantwort durch Lebenshingabe.

124 Voll von Gott

*So könnt ihr … auch die Liebe Christi erkennen, die alle Erkenntnis übertrifft, **damit ihr erfüllt werdet mit der ganzen Gottesfülle**.* (Epheser 3,18-19)

Ist das überhaupt möglich, dass ein Mensch mit der ganzen Gottesfülle erfüllt werden kann? Sprengt das nicht sein Herz und seinen Geist? Müsste man das nicht vergleichen mit einem Krug, in den der ganze Stille Ozean gefüllt werden soll?

Diese Fragen möchte ich zunächst mit einem Beispiel von Ernst Modersohn beantworten. Er sprach von einer Flasche, die jemand ins Meer wirft und die nun gefüllt ist mit dem Wasser des Meeres. Natürlich ist nicht das ganze Meer in dieser Flasche, aber die Flasche ist voll Meerwasser. So sollen und so können auch Sie mit der ganzen Gottesfülle erfüllt sein.

Allerdings nennt die Bibel eine entscheidende Voraussetzung: Sie müssen *„die Liebe Christi erkennen"*. Der Apostel Paulus gebraucht dabei ein Wortspiel: Er stellt dem Begriff „erkennen" den Begriff „Erkenntnis" gegenüber. „Erkenntnis" ist hier als rein intellektuelle Angelegenheit zu verstehen. Sie können sich Wissen über Jesus aneignen, indem Sie die Evangelien lesen. Nun sind Sie informiert über seine Liebe; sie wissen nun, wie er mit seinen Jüngern umging, wie er Kranken half, wie er sich um Gestrandete kümmerte und schließlich sein Leben opferte. Das ist Erkenntnis.

„Erkennen" aber ist mehr. Erkennen ist, wenn Sie sich seiner Liebe öffnen und sie nun selbst erleben. Jetzt erkennen Sie, dass er für Sie sein Leben opferte, dass er Sie ruft, dass er Ihnen ein neues Leben anbietet, dass er Ihre Sünden wegnimmt, dass er Ihre seelischen Verwundungen heilt. Alles wird jetzt persönlich – und wenn Sie die Liebe von Jesus Christus so erkennen, werden Sie mit der ganzen Gottesfülle erfüllt; – Sie werden voll von Gott.

125 Aufruf zum Vertrauen

*Wenn nun Gott das Gras, das heute auf dem Feld steht und morgen in den Ofen geworfen wird, so kleidet, **wie viel mehr wird er euch kleiden**, ihr Kleingläubigen!* (Lukas 12,28)

Wieder einmal nahm ich einen Anhalter mit. Ich konnte ihm erklären, dass jeder Mensch durch die Sünde von Gott getrennt ist und dass Gott aus diesem Grund seinen Sohn, Jesus Christus, gesandt hat, um für unsere Sünde zu sterben. „Ja", bemerkte er plötzlich, „ich habe ziemlich viele Fehler gemacht. Glauben Sie, dass es für mich einen neuen Anfang gibt? Glauben Sie, dass Gott sich um mich und meine Probleme kümmert? Ich weiß nicht, wo ich heute übernachten kann, und ich habe meine Arbeitsstelle verloren."

Ich hatte inzwischen vor einem Gasthaus geparkt, um konzentrierter mit ihm sprechen zu können. Ich sagte ihm, dass ein Neuanfang mit einer Entscheidung für Jesus beginnt. „Sie müssen Jesus zuerst darum bitten, die Führung Ihres Lebens zu übernehmen." „Ja, ich will das", antwortete er nach einer Pause. So beteten wir gemeinsam um diesen Neuanfang.

Nach dem Amen deutete er plötzlich auf einen VW-Bus, der gerade neben uns geparkt hatte. „Das ist einer unserer Firmenwagen", sagte er. Die Fahrertür öffnete sich. Ein Mann stieg aus. Als er meinen Gesprächspartner entdeckte, ging er auf ihn zu und fragte: „Willst du wieder bei uns arbeiten?" Es war der Meister. „Ja, gern", antwortete er und sah mich dabei erstaunt an. Und während sich beide unterhielten, öffnete sich die Tür des Gasthauses. Die Tochter des Gastwirts, die ich gut kannte, begrüßte mich mit einem „Hallo!". Ich berichtete ihr begeistert, was wir soeben erlebt hatten. „Und das andere Problem kann ich lösen", sagte sie, „wir haben genügend Fremdenzimmer frei. Er kann bei uns bleiben."

126 Extrabelohnung

Selig seid ihr, wenn euch die Menschen um meinetwillen schmähen und verfolgen und reden allerlei Übles gegen euch, wenn sie damit lügen. Seid fröhlich und getrost; ***es wird euch im Himmel reichlich belohnt werden****.* (Matthäus 5,11-12)

Ich habe einen Christen kennen gelernt, der eine Anzeige wegen Ruhestörung bekommen hatte, weil er einen Lautsprecher auf das Dach seines Hauses montiert und christliche Lieder abgespielt hatte. Einen anderen konnte ich beobachten, wie er auf der Liegewiese eines Freibades Traktate verteilt hat. Wer sich weigerte, eines anzunehmen, bekam es ärgerlich vor die Füße geworfen. Wer so unmöglich und taktlos das Evangelium verbreitet, darf sich nicht wundern, wenn er „geschmäht" wird. In unserer Verheißung aber sind die angesprochen, die geschmäht und verfolgt werden, weil sie Jesus Christus nachfolgen.

Jesus sagte *„um meinetwillen"*. Dabei denken wir natürlich zuerst an Menschen, die sich in Ländern zu Jesus Christus bekennen, in denen es keine Religionsfreiheit gibt. Da ist Verfolgung, Gefängnis und Martyrium an der Tagesordnung. Aber auch in unserem Land gibt es Christen, die dieses „Schmähen" und „Verfolgen" im Verborgenen erleben. Da ist kein Staatsapparat, der eingreift, aber da sind vielleicht Familienangehörige, Arbeitskollegen oder Nachbarn, die ihre Verachtung zeigen, die sich distanzieren, die verleumden. Jesus selbst ruft ihnen zu: *„Seid fröhlich und getrost."* Tut euren Feinden nicht den Gefallen, dass ihr den Kopf hängen lasst, dass ihr niedergeschlagen herumlauft.

Wie aber kann man in solchen Lebenslagen fröhlich sein, ohne Theater zu spielen? Hören Sie die Verheißung: *„… es wird euch im Himmel reichlich belohnt werden."* Sie erhalten neben all der Herrlichkeit des Himmels noch eine Extrabelohnung. Darum „aufwärts froh den Blick gewandt"!

127 Gebetswege

Bittet, ***so wird euch gegeben;*** *suchet,* ***so werdet ihr finden;*** *klopfet an,* ***so wird euch aufgetan****. Denn wer da bittet,* ***der empfängt;*** *und wer da sucht,* ***der findet;*** *und wer da anklopft,* ***dem wird aufgetan****.* (Matthäus 7,7-8)

Für spezielle Anliegen nennt Jesus Christus hier drei Möglichkeiten des Gebets. Wenn Sie etwas brauchen, dann ist das bittende Gebet der Weg, um es zu bekommen. In der Bibel steht: *„Ihr habt nichts, weil ihr nicht bittet"* (Jakobus 4,2).

Wenn es um Ihre persönliche Beziehung zu Gott geht, wenn Sie seinem Herzen näher kommen möchten, dann ist das suchende Gebet angebracht. Gott selbst fordert Sie dazu auf. Er sagt: *„Suchet mich, so werdet ihr leben"* (Amos 5,4).

Wenn Sie wollen, dass sich eine Tür öffnet, die noch fest verschlossen ist, dann dürfen Sie das klopfende Gebet praktizieren. Es ist das unnachgiebige Gebet, das Gebet, bei dem Sie Ihr Anliegen ständig wiederholen. So klopfte die Gemeinde in Jerusalem Tag und Nacht bei Gott an, bis sich für Petrus die Gefängnistür öffnete (Apostelgeschichte 12).

Sie können in den drei Aufforderungen auch eine Steigerung der Intensität des Gebets entdecken. Sie haben ein Anliegen, dass Ihnen wirklich am Herzen liegt. So beginnen Sie mit Bitten. Aber von Tag zu Tag wird dieses Anliegen brennender für Sie. Darum suchen Sie jetzt intensiv Gottes Angesicht. Sie möchten ganz nahe an ihn herankommen. Sie suchen nach Wegen, um die Dringlichkeit ihrer Bitte zu unterstreichen. Schließlich wird ihr Verlangen nach Erhörung zu stark, sodass Sie unaufhörlich anklopfen. Und Jesus Christus verspricht: *„… der empfängt"*, *„… der findet"*, *„… dem wird aufgetan."* Sie dürfen sich auf diese Verheißungen in Ihren Gebeten berufen.

128 Alltagsheilige

*Nun aber, da ihr von der Sünde frei und Gottes Knechte geworden seid, habt ihr darin eure Frucht, **dass ihr heilig werdet; das Ende aber ist das ewige Leben**.* (Römer 6,22)

Sie können nicht zugleich ein Knecht der Sünde und ein Knecht Gottes sein, denn Jesus sagt: *„Niemand kann zwei Herren dienen …"* (Matthäus 6,24). Wer sich mit seinem ganzen Leben an Gott bindet, der muss sich zuvor von der Sünde lossagen. Wie befreiend ist es darum, wenn von Menschen gesagt werden kann: *„Nun aber, da ihr von der Sünde frei geworden seid …"*

Von der Sünde frei werden können Sie nur durch ein radikales „Nein" und durch ein überzeugtes „Ja". Das „Nein" gilt der Sünde, das „Ja" gilt Jesus Christus, der Ihre Sünden auf sich genommen und dafür sein Leben geopfert hat. Wenn Sie sich mit diesem „Nein" und mit diesem „Ja" als „Knecht", als „Diener" Gott zur Verfügung stellen, dann wird Ihr Leben, dann werden Ihr Denken, Ihr Gefühl, Ihr Wille, Ihre Fantasie verändert.

Das geschieht allerdings nicht über Nacht. Die Verheißung spricht von Frucht, und Frucht reift nicht von heute auf morgen. Diesen Veränderungsprozess, der ein Lebensprozess ist, nennt die Bibel „heilig werden". Es sagte einmal jemand: „Heilige sind Menschen, die es andern leicht machen, an Gott zu glauben." Heilige sind Menschen, die durch Liebe überzeugen. Es ist eine wunderbare Frucht, wenn Gott Sie durch ein von der Liebe Gottes erfülltes Leben zum Segen für andere setzt und Sie dann nach einem fruchtbringenden Leben in der Ewigkeit in seine Arme schließt. Sprechen Sie darum auch heute dieses radikale „Nein" und dieses überzeugte „Ja". Dann wird dieser Tag in der Ewigkeit als Tag des Segens gewertet.

129 Damit dürfen Sie rechnen

Aber der Tröster, der Heilige Geist, den mein Vater senden wird in meinem Namen, ***der wird euch alles lehren und euch an alles erinnern, was ich euch gesagt habe.*** (Johannes 14,26)

Die ursprünglichen Empfänger dieser Verheißung waren die Männer und Frauen, die mit Jesus unterwegs waren. Sie hat der Heilige Geist das gelehrt, was Jesus noch nicht in dieser Klarheit lehren konnte (Johannes 16,12.13), und er hat sie an das erinnert, was Jesus ihnen gesagt hatte. Was der Heilige Geist sie lehrte und an was er sie erinnerte, das haben sie weitergesagt und niedergeschrieben. So entstanden Jahre später die Evangelien und die Briefe, und das alles wurde im Neuen Testament zusammengefasst. Bei allem war der Heilige Geist federführend. Darum bekennen wir: Die Bibel ist Gottes Wort.

Wenn diese Verheißung auch in erster Linie den Jüngern gegeben wurde, so dürfen wir sie doch im übertragenen Sinn auch für uns in Anspruch nehmen. Denn beides – Lehren und Erinnern – muss und wird der Heilige Geist auch Sie. Er muss Sie lehren, wenn Sie die Bibel lesen. Er muss Ihnen das Verständnis und das Herz öffnen. Weil die Bibel unter der Inspiration des Heiligen Geistes entstanden ist, kann sie auch nur durch die Inspiration des Heiligen Geistes verstanden werden. Und der Heilige Geist wird Sie in Entscheidungssituationen, bei Gesprächen und im Gebet an helfende und wegweisende Worte der Bibel erinnern. Erinnert werden aber kann man nur an etwas, was man vorher gehört oder gelesen hat. Darum sollte die Bibel Ihre tägliche Lektüre sein.

Greifen Sie auch heute zu dem Buch der Bücher und erwarten Sie, dass der Heilige Geist durch das Wort Gottes zu Ihnen spricht und dass er Sie im Laufe des Tages an helfende, tröstende und ermahnende Worte der Bibel erinnert.

130 Unschlagbar

Einer von euch jagt tausend; denn der Herr, euer Gott, streitet für euch*, wie er euch zugesagt hat.* (Josua 23,10)

Mit Gott sind wir immer auf der Seite des Siegers – das und nichts anderes will die Verheißung Ihnen sagen. Es ist nicht etwa eine Aufforderung, andere „schachmatt" zu setzen, sich in Streit verwickeln zu lassen oder sich aggressiv zu behaupten. Es gilt, was Jesus gesagt hat: *„Segnet, die euch fluchen, tut wohl denen, die euch hassen, und bittet für die, die euch beleidigen und verfolgen"* (Matthäus 5,44). Ja, das ist geradezu die Voraussetzung dafür, dass Jesus Christus, der Hölle, Tod und Teufel besiegt hat, sich als der Sieger auch zu Ihnen bekennt und Sie an seinem Sieg teilhaben lässt. Was auch immer Menschen oder Mächte gegen Sie planen und tun: Wenn Jesus Christus mit Ihnen ist, dann bedeutet das Sieg.

Mich hat als Kind die Sage von Siegfried mit seiner Tarnkappe fasziniert. Wenn er sie aufhatte, dann war er unsichtbar und unschlagbar. Mit dieser übernatürlichen Kraft hat er seinem Freund Gunther geholfen, die schreckliche und außerordentlich starke Königin Brunhild zu besiegen, allerdings dank seiner Tarnkappe unbemerkt.

Wenn Gott für Sie streitet, dann werden Sie *„tausend jagen"*. Sie können das auf alles anwenden, was sich gegen Sie stellt. Wie oft habe ich mir das bei meinen evangelistischen Einsätzen bewusst gemacht, in Schulen, vor kritischen Lehrern und Schülern, in Diskotheken und Jugendzentren, in der Konfrontation mit aggressiven Teenagern und Jugendlichen. Und wie oft habe ich dann auch erfahren, dass die Situation sich oft sehr schnell zum Positiven verändert hat. Die Verheißung ermutigt Sie, fest mit dem zu rechnen, von dem die Bibel sagt, dass *„ihm alle Macht im Himmel und auf Erden geben ist"*. Auch heute!

131 Sei kein Brummkreisel!

*Einer trage des andern Last, **so werdet ihr das Gesetz Christi erfüllen**.* (Galater 6,2)

Das *„Gesetz Christi"* ist das Gesetz der Liebe, und wer liebt, ist kein Brummkreisel, wer liebt, dreht sich nicht mürrisch brummend um sich selbst. Wer liebt, hat einen Blick für andere. Er entdeckt, wo der andere leidet, wo er Probleme hat, wo er Lasten trägt, und er ist zur Hilfe bereit.

Wie praktisch diese Verheißung ist, wurde mir vor vielen Jahren im Gespräch mit einer Christin neu bewusst. Ich hatte ihr von einer Not berichtet, die mich belastete und die ich intensiv immer wieder vor Gott aussprach. Sie sagte mir daraufhin: „Das werde jetzt ich für dich übernehmen. Ich werde jeden Tag dieses Problem vor Gott aussprechen und um sein Eingreifen bitten. Du musst das also nicht mehr tun. Bist du einverstanden? Überlässt du mir diese Not?" Und dann zitierte sie diese Verheißung. So hatte ich das bis jetzt noch nicht gesehen. Es war das Angebot der stellvertretenden Bitte. Ich willigte ein und es entlastete mich nicht nur, sondern es stärkte auch meinen Glauben, dass Gott eingreifen würde.

Dieses Erfahrungsbeispiel ist nur eine von vielen Möglichkeiten, wie Sie die Last eines anderen tragen können. Das kann praktisch durch eine Hilfeleistung erfolgen, durch einen Besuch, den Sie einem anderen abnehmen, durch einen Einkauf, den Sie für einen Kranken erledigen, durch eine finanzielle Unterstützung, die Sie jemandem in einer Notsituation zukommen lassen, durch das Ausfüllen eines Formulars, das Sie für einen Hilflosen übernehmen – um nur ein paar Beispiele zu nennen. Die Liebe Gottes öffnet Ihnen dafür die Augen und zeigt Ihnen die Möglichkeiten wirkungsvoller Hilfen. Wenn Sie so durch den Tag gehen, erfüllen Sie auch heute das *„Gesetz Christi"*.

132 Christen sind keine Hobbyangler

Folgt mir nach; ***ich will euch zu Menschenfischern machen.*** (Matthäus 4,19)

Hier steht es also schwarz auf weiß, wozu Jesus Christus seine Nachfolger gerufen hat. Es geht nicht zuerst um den Himmel, nicht um den Sinn des Lebens, nicht um Geborgenheit, nicht um Vergebung der Sünden – das alles sind wohl auch wunderbare Geschenke Gottes. Aber Jesus Christus hat alle, die ihm nachfolgen, dazu bestimmt, dass sie „Menschen fischen". Petrus und Andreas, die Fischer vom See Genezareth, denen Jesus das zurief, wussten sofort, was darunter zu verstehen ist. Sie waren Nacht für Nacht auf den See gefahren und hatten ihre Netze zum Fang ausgeworfen. Ihre Existenz hing davon ab. Sie waren keine Hobbyangler. Jetzt sollten sie das Netz des Evangeliums im Völkermeer auswerfen, um Menschen zu fangen. Der Retter der Welt, der Messias, hatte sie berufen. Es war ihr neuer Beruf. In der Lebensuniversität mit Jesus Christus sollten sie entsprechend ausgebildet werden. Jesus Christus hatte nicht vor, sie in einem schnellen Intensivtraining zu schulen. Die Ausbildung sollte in der Lebensschule mit Jesus Christus erfolgen. Darum sagte er: *„Folgt mir nach."*

Das alles gilt in übertragenen Sinn auch Ihnen. Auch Sie sind berufen, das Netz des Evangeliums auszuwerfen, nicht die mickrige Angel mit den wohlschmeckenden „Würmern" irgendwelcher Sonderlehren. Und auch Sie will und wird Jesus Christus selbst schulen. Nachfolge, Tag für Tag mit Jesus Christus leben, auf ihn sehen, auf ihn hören, von ihm lernen – das ist der Weg, wie Sie zu einem wirkungsvollen Menschenfischer werden. Heute ist ein Tag, an dem Sie der Sohn Gottes gebrauchen will. Ihre Umgebung ist voller Fische. Werfen Sie das rettende Netz der frohen Botschaft von der Liebe Gottes aus.

133 Hallo wach!

Selig sind die Knechte, die der Herr, wenn er kommt, wachend findet. Wahrlich, ich sage euch: ***Er wird sich schürzen und wird sie zu Tisch bitten und kommen und ihnen dienen.*** (Lukas 12,37)

Dieses „Hallo wach!" muss sich jeder Christ immer wieder zurufen, und es muss von den Kanzeln hineingerufen werden in die Gemeinde. Denn da ist einer, der ständig mit seinem Narkosemittel unterwegs ist, um die Kinder Gottes, die Nachfolger von Jesus, einzuschläfern – Satan, der raffinierte Verführer. Christen sollten Tag für Tag damit rechnen, dass Jesus Christus wiederkommt. Sind Sie bereit, sich neu auf dieses „Wachen" festzulegen? Sind Sie bereit, sich einzuüben in eine geistliche Wartehaltung?

Bitte verstehen Sie mich nicht falsch: Es geht hier nicht um ein bloß spekulatives „Nach-oben-Schauen", bei dem die Hände in den Taschen bleiben. Wachen heißt, ständig mit Jesus zu leben, ihm zur Verfügung zu stehen und mit seiner Gegenwart zu rechnen. Wer so mit dem Auferstandenen lebt, der jetzt noch unsichtbar und doch real gegenwärtig ist, der wird nicht unvorbereitet sein, wenn der Herr aus der Unsichtbarkeit plötzlich heraustritt. Wenn das geschieht, zu einem Zeitpunkt, den niemand von uns kennt, wird jeder, der so mit Jesus Christus hier unterwegs ist, auch das erleben, was uns die Verheißung verspricht. Ihn wird der Herr aller Herren, der König aller Könige, an die überdimensionale Festtafel des Himmels rufen und Jesus wird ihm dienen. Das wird das Fest aller Feste sein, das große Hochzeitsfest – Freude ohne Ende, Begeisterung, die alle Vorstellung übertrifft.

Freuen Sie sich darauf? Oder haben Sie es sich hier so gemütlich eingerichtet, dass Sie dieses Ereignis lieber aus Ihrem Denken verdrängen? Dann allerdings wäre dieses „Hallo wach!" der unbedingt notwendige Weckruf.

134 Die drei entscheidenden „G“

Und es wird gepredigt werden dies Evangelium vom Reich in der ganzen Welt zum Zeugnis für alle Völker, ***und dann wird das Ende kommen.*** (Matthäus 24,14)

„Der ganzen Welt, das ganze Evangelium, durch die ganze Gemeinde“ – so lautete das Motto des ersten Weltkongresses für Evangelisation, der 1974 in Lausanne stattfand. So klar, so eindrücklich, so herausfordernd wurde es noch nie formuliert – außer in der Bibel. In ihr wird berichtet, dass die Jünger Jesus fragten: *„Was wird das Zeichen sein für dein Kommen und für das Ende der Welt?* (Matthäus 24,4; im Grundtext steht hier: „für das Ende dieses Äons“, womit ein Zeitalter, ein Zeitabschnitt gemeint ist.) Daraufhin hat Jesus seine Endzeitrede gehalten, die Sie in Matthäus 24 nachlesen können. Dort finden Sie auch die oben stehende Verheißung, die eine exakte Antwort auf die Frage der Jünger ist. Sie wollten also wissen, wann dieser Zeitabschnitt zu Ende gehen und Jesus wiederkommen wird. Und Jesus erklärt, dass er wiederkommen wird und damit auch dieser Äon zu Ende geht, wenn das Evangelium auf allen Kontinenten und unter allen Völkern verkündigt worden sein wird.

„Der ganzen Welt, das ganze Evangelium“ – und dazu ist die „ganze Gemeinde“ gerufen. Das ist nicht ein Sonderauftrag für Spezialisten, sondern für die ganze Gemeinde. Das Missionsfeld liegt in unserem Land, vor Ihrer Wohnungstür. Mehr als neunzig Prozent haben das Evangelium noch nie gehört. Das ist die große Herausforderung an uns. Wenn Sie Ihre Wohnung verlassen, betreten Sie Missionsgebiet. Lassen Sie sich ganz neu ansprechen von Jesus Christus! Er sagt: *„Ihr werdet meine Zeugen sein“* (Apostelgeschichte 1,8). Die ersten Christen erreichten in wenigen Jahrzehnten die ganze ihnen damals bekannte Welt. Und auch wir sind dazu aufgerufen, heute von Jesus Christus zu sprechen.

135 Licht leuchtet auf

Ich bin das Licht der Welt. Wer mir nachfolgt, ***der wird nicht wandeln in der Finsternis, sondern wird das Licht des Lebens haben.*** (Johannes 8,12)

So stellte sich Jesus Christus seinen Zeitgenossen vor. Für viele war das unbeschreiblicher Hochmut, maßlose Übertreibung oder einfach nur verrückt. Okay – seine Wunder hatten Eindruck gemacht, aber die waren in einigen Städten und Dörfern geschehen und daher auch wieder nichts „Weltbewegendes". Nun nannte er sich hier „Licht der Welt" und nicht etwa „Licht für Jerusalem" oder „Licht für Kapernaum".

Wir haben es da etwas leichter. Wir können in die Geschichte zurückschauen: Himmelfahrt, Auferstehung, Kreuzigung. Wir wissen, dass Jesus Sohn Gottes ist, der Ursprung und das Ziel aller Dinge. Er ist „das Licht der Welt", und er ist das Licht für jeden, der sich ihm anvertraut. Aber was heißt das konkret?

Ein Beispiel: Nehmen wir an, Sie betreten ein Ihnen unbekanntes Zimmer. Es ist Nacht. Sie wissen nicht, wie groß dieses Zimmer ist und ob es leer oder möbliert ist. Sie müssen sich fühlend vorantasten. Plötzlich aber leuchtet Licht auf. Und nun ist alles anders. Ein Dreifaches geschieht, wenn Licht aufleuchtet. Erstens: Sie sehen die Lichtquelle. Zweitens: Sie sehen den Raum. Drittens: Sie können auch sich selbst erkennen. Und genau das geschieht, wenn Sie Jesus Christus nachfolgen. Dann erkennen Sie zuerst Jesus. Sie erleben ihn, die Quelle des Lichts, wenn er Ihre Sünden wegnimmt, Ihnen Frieden mit Gott schenkt und Sie mit seiner Liebe erfüllt. Und Sie erkennen ein Stück weit den großen Raum des Lebens. Es ist kein angstvolles oder sinnloses Tasten mehr. Sie wissen, dass Sie von Jesus geführt werden. Und Sie erkennen auch sich selbst. Sie sind jetzt ein Kind Gottes, das von Gottes Gnade und Liebe lebt. Und das Beste: Sie haben Jesus – den Retter der Welt.

136 Der Praxistest

Wenn jemand dessen (Gottes) *Willen tun will, **wird er innewerden, ob diese Lehre von Gott ist oder ob ich von mir selbst aus rede**.* (Johannes 7,17)

Stellen Sie sich vor, Sie packen einen neuen Videorekorder aus und lesen die Gebrauchsanleitung. Wie können Sie erkennen, ob die Angaben in der mitgelieferten Broschüre korrekt sind? Bestimmt nicht, indem Sie jeden Satz anzweifeln und bei jeder Anleitung den Kopf schütteln. Es muss zu einem Praxistest kommen. Sie müssen tun, was dort geschrieben steht und nicht nur blind herumexperimentieren. Genau dazu fordert Jesus Christus seine Zeitgenossen auf und auch Sie und mich. Wie können wir erkennen, ob das, was Jesus Christus sagt, die Wahrheit ist, ob es trägt, ob es göttlichen Ursprungs ist? Indem wir seine Worte befolgen.

Die Verheißungen der Bibel sind eine solche Aufforderung zum Praxistest. Zum Beispiel hat Jesus Christus gesagt: „*Wer zu mir kommt, den werde ich nicht hinausstoßen*" (Johannes 6,37). Ich habe das bei Tausenden persönlich miterleben können. Jeder, der aufrichtig zu Jesus kam und ihn bat, ihn anzunehmen und Herr und Erlöser seines Lebens zu werden, hat das dann auch erlebt. Ich habe das in Kirchen und Diskotheken erfahren können, in Schulen und Jugendzentren, in Hallen und Wohnzimmern, auf Parkplätzen und Missionszelten. Wenn jemand nach einer Ansprache oder einem Gespräch sagte: „Ich möchte Jesus Christus gehören, bitte helfen Sie mir, ihn zu erleben." war ich keinen Augenblick unsicher, dass das nicht geschieht. Und so fordert Jesus Christus immer wieder zum Praxistest auf. Stellen Sie sein Wort auf die Probe, indem Sie bereit sind, das zu tun, was es fordert. Die Voraussetzung wird im ersten Teil der Verheißung genannt: „*Wenn jemand Gottes Willen tun will …*" Darauf kommt alles an. Wagen Sie heute den Praxistest!

137 „Komm!“

Alles, was mir mein Vater gibt, das kommt zu mir; und wer zu mir kommt, ***den werde ich nicht hinausstoßen****.* (Johannes 6,37)

„Stoßen darf man auch nicht“, sagte eine Siebenjährige. Weil das eine etwas ungewöhnliche Formulierung ist, hat eine neuere Übersetzung den Begriff „abweisen“ gewählt. Die Sache ist klar: Wenn jemand zu Jesus Christus kommt, um Vergebung der Sünden bittet und bereit ist, ihm nachzufolgen, dann nimmt Jesus Christus ihn an. Das war ja der eigentliche Grund seines Kommens. Er hat gesagt: *„Der Menschensohn ist gekommen, zu suchen und selig zu machen, was verloren ist“* (Lukas 19,10). Jesus hat sein Leben am Kreuz als Sündopfer gegeben und dadurch den Weg zum Vater im Himmel freigemacht. Der Vater ist das Ziel der Rettung. Alles geht vom Vater aus und alles geht zum Vater zurück. Darum hat Jesus Christus auch gesagt: *„Alles, was mir mein Vater gibt, das kommt zu mir.“* Und an einer anderen Stelle erklärte er: *„Es kann niemand zu mir kommen, es sei denn, ihn ziehe der Vater“* (Johannes 6,44).

Es ist der Vater, der die Sehnsucht nach Leben und Ewigkeit in das Herz eines Menschen legt und ihn so zu Jesus Christus, dem Retter, zieht. Nicht der Mensch hat sich auf die Suche nach Gott gemacht, sondern Gott hat sich auf die Suche nach dem Menschen gemacht.

Ich habe dieses Ziehen des Vaters sehr stark als Achtzehnjähriger erlebt. Nichts konnte mich mehr zufrieden stellen, bis ich zu Jesus Christus gekommen bin. Und so erlebte ich die Wahrheit dieser Verheißung. Falls Sie das auch erlebt haben, dann danken Sie dem Vater immer wieder, dass er Sie zu Jesus gezogen hat, und danken Sie Jesus Christus, dass er Sie nicht „abgewiesen“ hat. Und falls Sie das noch nicht erlebt haben, dann könnten diese Zeilen für Sie das Ziehen des Vaters sein.

138 Sehen und glauben

***Selig sind**, die nicht sehen und doch glauben.* (Johannes 20,29)

Sicherlich haben Sie schon einmal vom „ungläubigen Thomas" gehört. Aber kennen Sie den Hintergrund dieser Bezeichnung? Es war drei Tage nach der Kreuzigung von Jesus. Ein Sonntag – nein: *der* Sonntag. Jesus war auferstanden. Einige Frauen hatten ihn gesehen, auch Petrus war er erschienen, und am Abend begegnete er den verängstigten, irritierten und zweifelnden Jüngern. Ein überwältigendes Erlebnis. Nur einer war nicht dabei: Thomas. Offenbar hatte er die ganze Jesusgeschichte für sich ad acta gelegt, die größte Enttäuschung seines Lebens. Nun brodelte aber die Gerüchteküche. Auch Thomas war es zu Ohren gekommen, das mit der Auferstehung. Aber er wollte nicht noch einmal reinfallen. Dann entdeckten ihn einige Jünger. Begeistert sprachen sie ihn an: „Jesus lebt! Wir haben ihn gesehen. Er hat mit uns gesprochen." Und sie berichteten ihm alles. Aber Thomas verzog keine Miene. Eine Zeit lang hörte er zu, und dann sagte er: *„Wenn ich nicht in seinen Händen die Nägelmale sehe und meinen Finger in die Nägelmale lege und meine Hand in seine Seite lege, kann ich's nicht glauben"* (Johannes 20,25).

Wenige Tage später – wieder an einem Sonntag – geschah dann das Überwältigende: Jesus war plötzlich wieder in ihrer Mitte, und er sprach Thomas persönlich an. Er hielt ihm seine Hände entgegen und deutete auf seine Seite. „Berühre mich" – hörte Thomas. Aber dazu kam es nicht. Ergriffen rief Thomas: *„Mein Herr und mein Gott!"* Und nach diesem Bekenntnis sprach Jesus diese Verheißung, und sie gilt, bis Jesus wiederkommen wird.

„Ich glaube nur, was ich sehe", das hat keine Verheißung. Aber klar ist: Sie werden sehen, was Sie aufgrund des Wortes Gottes glauben.

139 Gerechtigkeit, die wirklich gilt

Ich rede aber von der Gerechtigkeit vor Gott, die da kommt durch den Glauben an Jesus Christus zu allen, die glauben. Denn es ist hier kein Unterschied: sie sind allesamt Sünder und ermangeln des Ruhmes, den sie bei Gott haben sollten, ***und werden ohne Verdienst gerecht aus seiner Gnade durch die Erlösung, die durch Jesus Christus geschehen ist.*** (Römer 3,22-24)

Das Thema „Gerechtigkeit“ spielt in der Bibel eine große Rolle. Wie wird der Mensch so, dass Gott ihn nicht verurteilen muss? Was muss der Mensch tun, damit er bei Gott ankommt? Jeder Mensch hat einen Seismographen in seinem Innern, der das Beben des Herzens anzeigt, wenn es um das Gerechtsein vor Gott geht. Darum weisen die meisten Menschen auf ihre guten Taten hin. Mit ihnen wollen sie vor Gott gut dastehen. Das aber streicht die Bibel mit dem Satz durch: „*Es ist hier kein Unterschied: sie sind allesamt Sünder.*“

Große Sünder, kleine Sünder. Großes Minus, kleines Minus. Großes Versagen, kleines Versagen. Sünder sind wir alle. Da gibt es keinen Unterschied. Selbst bei der größten Anstrengung kann keiner so werden, dass er vor dem heiligen Gott bestehen könnte. Das muss zuerst klar sein. Wem das aufgeht, der kapituliert vor Gott und vor sich selbst. Die Tagesverheißung zeigt den Weg aus diesem Dilemma des Lebens. „*Ohne Verdienst gerecht*“ – das ist es. Aber es ist nicht einfach ein Unter-den-Teppich-Kehren unserer Sünden – das wäre eine Gerechtigkeit, die der heilige Gott sich nicht leisten kann. Es ist vielmehr eine geschenkte Gerechtigkeit, die nur möglich ist „*durch die Erlösung, die durch Jesus Christus geschehen ist*“. Weil Jesus Christus, der ohne Sünde war, mit seinem Leben für unsere Sünden bezahlt hat, darum kann Gott den gerecht sprechen, der Jesus Christus vertraut.

140 Dreimal Frieden

Selig sind die Friedfertigen; ***denn sie werden Gottes Kinder heißen.*** (Matthäus 5,9)

Vor mir saß ein junger Mann, der bei jeder Friedensdemo dabei war. Begeistert berichtete er von den Zielen dieser Aktionen. „Weltfrieden" war das große Schlagwort. Dafür ging er auf die Straße. Aber er hatte ein peinliches Problem: Krieg mit seinen Eltern. Er kam mit ihnen einfach nicht zurecht und gab auch offen zu, dass er nicht bereit sei, ihnen die Hand zu reichen. Er demonstrierte für den Frieden, aber er war nicht „friedfertig".

„Glücklich zu preisen sind die Friedfertigen (so der Grundtext)*"* – hat Jesus gesagt – *„denn sie werden Gottes Kinder heißen."* Wie wird man ein friedfertiger Mensch? Drei Schritte nennt die Bibel. Der erste Schritt: Frieden mit Gott. Damit beginnt alles. Es ist Frieden nach oben. In der Bibel lesen wir: *„Da wir nun gerecht geworden sind durch den Glauben, haben wir Frieden mit Gott durch unsern Herrn Jesus Christus"* (Römer 5,1). Frieden mit Gott ist mehr als nur „ich habe nichts gegen ihn". Frieden ist eine persönliche, von der Liebe geprägte Beziehung. Die bekommen Sie, wenn Sie Jesus Christus als Ihren Herrn und Erretter annehmen.

Eine Auswirkung davon ist Frieden mit sich selbst. Das ist der zweite Schritt. Es ist Frieden nach innen. Wer Frieden mit Gott hat, kann sich jetzt auch selbst annehmen. Er weiß sich von Gott geliebt, trotz aller Schwächen und Fehler. Und der dritte Schritt ist: Frieden mit allen Menschen. Es ist Frieden nach außen. Friedfertige Menschen haben Frieden mit Gott, Frieden mit sich selbst und Frieden mit allen Menschen. Wenn Sie diesen dreifachen Frieden haben, dann wird auch dieser Tag und jede Begegnung an diesem Tag davon geprägt sein.

141 Vollkommene Vergebung

Alle Sünde und Lästerung wird den Menschen vergeben werden. (Matthäus 12,31)

Wirklich? Einfach so „mir nichts, dir nichts"? Ob ich das will oder nicht will? Vergebung als selbstverständliche Lebensbeigabe? Nein! So nicht! Diese Verheißung ist herausgeschnitten aus einer Rede, die Jesus gehalten hat. In ihr ging es um eine Sünde, die nicht vergeben werden kann, eine Sünde, die ins totale Abseits von Gott reißt: die Lästerung des Heiligen Geistes. Aber bevor Jesus diese Sünde anspricht, sagt er, dass alle Sünde und Lästerung den Menschen vergeben werden wird. Dazu nennt er keine Bedingung. Aber es wäre gefährlich, diese Aussage von anderen Aussagen der Bibel zu trennen, die von der Vergebung der Sünden sprechen. So ruft zum Beispiel Petrus bei einer evangelistischen Predigt im Tempel in Jerusalem: *„So tut nun Buße und bekehrt euch, dass eure Sünden getilgt werden"* (Apostelgeschichte 3,19). Hier wird Reue und Bekehrung als Voraussetzung zur Sündenvergebung genannt. Und der Apostel Johannes schreibt: *„Wenn wir aber unsere Sünden bekennen, so ist er treu und gerecht, dass er uns die Sünden vergibt"* (1.Johannes 1,9). Bekennen der Sünde vor Gott ist hier die Vorbedingung zur Vergebung. Aber wenn der Mensch dazu bereit ist, seine Sünden zu bekennen, zu bereuen und sich dann zu Jesus zu bekehren, dann wird ihm jede Sünde vergeben.

Keiner muss ein Sündenpaket durchs Leben schleppen. Keiner muss mit einem belasteten Gewissen leben. Keiner muss von seinen Sünden bis in die Träume hinein verfolgt werden. Jesus Christus hat die Sünden aller Menschen am Kreuz auf sich genommen und sie mit in den Tod gerissen. Halten Sie sich das vor Augen und bekennen Sie ihm Ihre Sünden – das ist der Weg in die Freiheit.

142 Lebensstraße zum Himmel

Wie eng ist die Pforte und wie schmal der Weg, ***der zum Leben führt****, und wenige sind's, die ihn finden.* (Matthäus 7,14)

Ist das überhaupt eine Verheißung – *„wenige sind's, die ihn finden"*? Das ist doch eher eine erschütternde Feststellung. Sehen wir uns einmal dieses Bild an, das Jesus hier seinen Zuhörern vor die Augen malt. Zwei Wege gibt es auf dieser Welt – nicht mehr. Ein breiter Weg und ein schmaler Weg. Auf dem breiten Weg ist reges Leben, Massenandrang. Auf dem schmalen Weg sind nur wenige zu sehen. Dabei geht es um die Ewigkeit, um Himmel oder Hölle, um verloren oder gerettet sein, um Leben oder Tod. Nur der schmale Weg führt zum Himmel, der andere ist die Autobahn zur Hölle.

Doch Achtung: Ich bin am Schlussteil dieses Satzes von Jesus hängen geblieben. (So geht es uns an dieser Stelle oft.) Aber das ist nicht die zentrale Aussage. Das Verheißungswort, auf das es ankommt, lautet: „der zum Leben führt". Es gibt einen Weg, der zum Leben führt, das ist das Wunderbare und Verheißungsvolle. Mitten in der Welt der Vergänglichkeit und das Todes gibt es diese rettende Lebensstraße zum Himmel. Mitten in der Welt der religiösen Verirrungen und der Gleichgültigkeit gegenüber Gott gibt es diese zielklare Lebensstraße zum Himmel. Mitten in der Welt der okkulten Gebundenheiten und der satanischen Verblendung gibt es diese befreiende Lebensstraße zum Himmel. Das ist die Verheißung. Und diese Lebensstraße ist nicht irgendein Frömmigkeitsstil, sondern eine Person: Jesus Christus. Er sagt: *„Ich bin der Weg"* (Johannes 14,6). Wenn Sie sich ihm anschließen und mit ihm leben, dann sind Sie auf der Zielgeraden zum Himmel, dann sind Sie auch heute auf dem richtigen Kurs. Dann kommt alles darauf an, dass Sie dranbleiben, oder genauer gesagt: dass Sie bei ihm bleiben.

143 Es geht (nicht nur) um Geld

Bringt aber den Zehnten in voller Höhe in mein Vorratshaus, auf dass in meinem Hause Speise sei, und prüft mich hiermit, spricht der Herr Zebaoth, ***ob ich euch dann nicht des Himmels Fenster auftun werde und Segen herabschütten die Fülle.*** (Maleachi 3,10)

Bei einer evangelistischen Großveranstaltung hielt ein Pastor zu Beginn eine Kollektenrede – er rief zum Spenden auf. Diese Ansprache dauerte ungefähr dreißig Minuten. Da geschah ein peinlicher Zwischenfall. Ein Zuhörer rief lautstark: „Mach endlich Schluss! Ich will das Evangelium hören." Den gleichen Eindruck hatte auch ich. Es ist schon ziemlich daneben, bei einer evangelistischen Veranstaltung überhaupt über Geld zu reden. Das Zielpublikum sind ja Gäste, und Gäste bittet man nicht zur Kasse. Und wenn das dann noch in einer so aufdringlichen Weise geschieht, muss das abstoßend wirken.

Nicht so bei unserer Verheißung. Sie richtet sich zunächst an Israel, an Gottes auserwähltes Volk. „Insider" werden angesprochen, und wer dazu gehört, darf auch über dieses Thema informiert werden. Das gilt auch für die Nachfolger von Jesus heute, für die christliche Gemeinde. Gott fordert zu einem Test heraus. *„Prüft mich"* – spricht Gott. Wer zehn Prozent seines Einkommens der Sache Gottes zur Verfügung stellt, darf mit der ganzen Fülle des Segens von Gott rechnen. Aber Vorsicht! Denn damit ist die Gefahr verbunden, dass wir zu berechnenden Gebern werden. Dann geben wir, um zu empfangen. Diese innere Einstellung widerspricht aber dem Evangelium.

Zum Thema „Geben" hat der Apostel Paulus einen wichtigen Satz geschrieben: *„Einen fröhlichen Geber hat Gott lieb"* (2. Korinther 9,7). Kinder Gottes geben aus Dankbarkeit und Liebe. Das ist die richtige Grundeinstellung, und damit kann man immer wieder die Erfahrung machen, dass Gott sich nichts schenken lässt. Er schenkt königlich zurück.

144 Freiheit wählen

Denn die Sünde wird nicht herrschen können über euch, *weil ihr ja nicht unter dem Gesetz seid, sondern unter der Gnade.* (Römer 6,14)

Wie sieht das aus, wenn die Sünde einen Menschen beherrscht? Dann muss der Mensch geizig sein, auch wenn er es nicht will. Dann muss der Mensch ehrsüchtig sein, auch wenn er sich dagegen wehrt. Dann muss der Mensch unrein denken und handeln, auch wenn er sich davor ekelt. Dann muss der Mensch streiten, auch wenn er das Verwerfliche dieses Tuns erkennt. Es ist ein sklavisches Muss, das wie ein dunkles Omen über seinem Leben liegt. Das Gesetz hält ihm seine Schuld und sein Versagen vor, aber das Gesetz hat keine Kraft, zu befreien.

Ganz anders ist es mit der Gnade. Die Gnade fordert nicht, sie beschenkt. Sie beschenkt mit Freiheit, mit Widerstandskraft, mit Durchblick und mit Gehorsam. Wenn Sie unter der Gnade leben, dann ist die Herrschaft der Sünde gebrochen. Sie *können* noch sündigen, aber Sie *müssen* nicht mehr sündigen. Diese befreiende Tür zur Gnade hat Jesus Christus geöffnet, als er unsere Sünde auf sich nahm und sie ans Kreuz trug. Der Apostel Paulus schreibt dazu: *„Denn was dem Gesetz unmöglich war, weil es durch das Fleisch geschwächt war, das tat Gott: er sandte seinen Sohn in der Gestalt des sündigen Fleisches und um der Sünde willen und verdammte die Sünde im Fleisch"* (Römer 8,3).

Immer wieder neu können und müssen Sie die Entscheidung treffen, ob Sie unter dem Gesetz oder unter der Gnade leben wollen. Heute ist ein solcher Tag der Entscheidung. Das Verheißungswort lädt Sie ein, die Gnade zu wählen und damit auch heute den Weg der Freiheit zu beschreiten. Ich ermutige Sie dazu.

145 Der Menschheitstraum

Meine Schafe hören meine Stimme, und ich kenne sie, und sie folgen mir; und ***ich gebe ihnen das ewige Leben****, undsie werden nimmermehr umkommen, und niemand wird sie aus meiner Hand reißen. Mein Vater, der mir sie gegeben hat, ist größer als alles, und niemand kann sie aus des Vaters Hand reißen.* (Johannes 10,27-29)

Das ist der Traum des Menschen: den Tod besiegen – ewig leben. Weltweit arbeiten wissenschaftliche Teams an derartigen Projekten. Der Direktor einer solchen Forschungsgruppe, Dr. Alex Comfort, sagte schon vor Jahren, dass in nicht allzu ferner Zukunft das Alter weit über die jetzige Grenze hinaus erhöht werden könnte. Wenn Jesus Christus allerdings vom ewigen Leben spricht, dann meinte er nicht eine unendliche Verlängerung des Lebens auf der Erde. Ewiges Leben ist ein Sein in einer neuen, für uns unvorstellbaren Dimension, es ist Leben in der Herrlichkeit Gottes. Und es ist Leben von höchster Qualität.

Im griechischen Grundtext werden für „Leben“ drei Begriffe verwendet. Erstens: *bios*, das ist das körperliche Leben; zweitens: *psyche*, das ist das seelische Leben. Jeder Mensch hat *bios* und *psyche*. Das Dritte ist *zoe*, das ist Leben aus Gott. Und dieses völlig neue und ganz andere Leben verspricht Jesus Christus in unserem Verheißungswort denen, die zu ihm gehören. Er sagt: *„Ich gebe ihnen das ewige Leben.“*

Geben kann man nur das, was man besitzt. Jesus Christus sagte: *„Ich bin das Leben.“* Weil er in seiner Person das Leben (*zoe*) ist, darum ist er in der Lage, dieses Leben zu geben. Er gibt es denen, die ihm nachfolgen. Es ist das größte Geschenk, das Ihnen angeboten werden kann. Greifen Sie zu. Folgen Sie ihm nach. Der Menschheitstraum muss kein Wunschtraum bleiben, er kann zu einer traumhaften Erfahrung werden.

146 Das große Versprechen

Meine Schafe hören meine Stimme, und ich kenne sie, und sie folgen mir; und ich gebe ihnen das ewige Leben, und ***sie werden nimmermehr umkommen,*** *und niemand wird sie aus meiner Hand reißen. Mein Vater, der mir sie gegeben hat, ist größer als alles, und niemand kann sie aus des Vaters Hand reißen.* (Johannes 10,27-29)

In der Natur herrscht das Prinzip der Auswahl. Das Schwache und Kranke bleibt auf der Strecke, es kommt um. Nicht so bei Jesus. Wer zu seiner „Herde" gehört (wobei ich hier das von Jesus verwendete Bild der Schafherde aufgreife), der erlebt auch als Schwacher, als Kranker, als Behinderter Hilfe. Jesus Christus hängt niemanden ab. Seine Gemeinde ist kein erfolgsorientiertes Powerteam. Nicht Leistung wird groß geschrieben, sondern Liebe.

Hören Sie, was der Apostel Paulus an die Gemeinde in Korinth geschrieben hat: *„Seht doch, liebe Brüder, auf eure Berufung. Nicht viele Weise nach dem Fleisch, nicht viele Mächtige, nicht viele Angesehene sind berufen. Sondern was töricht ist vor der Welt, das hat Gott erwählt, damit er die Weisen zuschanden mache; und was schwach ist vor der Welt, das hat Gott erwählt, damit er zuschanden mache, was stark ist; und das Geringe vor der Welt und das Verachtete hat Gott erwählt, das, was nichts ist, damit er zunichte mache, was etwas ist"* (1. Korinther 1,26-28).

„Sie werden nimmermehr umkommen" – verspricht Jesus Christus in dieser Verheißung. Das gilt. Darauf ist Verlass. Wenn Sie sich ihm, dem Retter der Welt, angeschlossen haben, dann bringt er Sie garantiert durch diesen Tag und durch alle Tage bis zum Ziel. Legen Sie getrost alle Ängste und alles Sorgen ab. Üben Sie ein fröhliches Vertrauen ein. Darum hängen Sie sich bei Jesus an, er wird Sie nie abhängen.

147 Die Hände

Meine Schafe hören meine Stimme, und ich kenne sie, und sie folgen mir; und ich gebe ihnen das ewige Leben, und sie werden nimmermehr umkommen, und ***niemand wird sie aus meiner Hand reißen.*** *Mein Vater, der mir sie gegeben hat, ist größer als alles,* ***und niemand kann sie aus des Vaters Hand reißen.*** (Johannes 10,27-29)

In dieser Verheißung zeichnet Jesus Christus ein eindrückliches Bild: zwei Hände, die uns tragen, die uns halten, die uns umgeben, die uns schützen – es ist die Hand Gottes, des Vaters, und es ist die Hand des Sohnes. Während ich diese Gedanken niederschreibe, sitze ich in einem Zimmer in der Schweiz. Mir schräg gegenüber hängt ein Fotoposter. Es zeigt eine überdimensional große Hand, in der eine kleine Kinderhand liegt. Darunter stehen die Worte *Sarah in her Dad's hand* – Sarah in der Hand ihres Vaters. Eine wunderbare Illustration für das, was Jesus Ihnen in dieser Verheißung zusichert. Nur wird bei Jesus das Bild noch erweitert. Hier ist nicht nur von einer, sondern von zwei Händen die Rede.

Man könnte es auch so beschreiben: Sie sind in der Hand des Sohnes Gottes, dem Sie sich anvertraut haben, und die Hand des Sohnes Gottes liegt in der Hand des Vaters. Noch mehr Sicherheit, noch mehr Geborgenheit kann es nicht geben. Konkret heißt das: Wer Jesus gehört, ist nicht mehr den Mächten irgendeines Schicksals ausgeliefert. Wer Jesus gehört, braucht keine Angst mehr vor Teufel, Tod und Hölle zu haben. Wer Jesus gehört, ist auch nicht mehr der Willkür der Menschen ausgesetzt. Wer Jesus gehört, ist immer und überall zuerst umgeben von der Hand des Sohnes und von der Hand des Vaters – und aus diesen Händen kann Sie nichts mehr herausreißen. Danken Sie ihm gerade jetzt dafür.

148 Erbarmen erleben

Wie sich ein Vater über Kinder erbarmt, ***so erbarmt sich der Herr über die, die ihn fürchten.*** (Psalm 103,13)

Möglicherweise gehören Sie zu den Menschen, die einen ganz anderen Vater hatten oder haben – einen unbarmherzigen Vater, einen gleichgültigen Vater oder vielleicht sogar einen brutalen Vater. Bestimmte Erlebnisse, die Sie gemacht haben, versperren Ihnen womöglich den Zugang zu dieser Verheißung. Dann will ich Ihnen zuerst ein weiteres Wort aus der Bibel zeigen, das für Sie eine Verstehenshilfe sein kann. Der Apostel Paulus schreibt: *„Deshalb beuge ich meine Knie vor dem Vater, der der rechte Vater ist über alles, was da Kinder heißt im Himmel und auf Erden"* (Epheser 3,14-15).

Vor einiger Zeit umarmte mich eine meiner Töchter bei der Verabschiedung und sagte bewegt: „Du bist der beste Vater." Aber ich denke auch an eine Zeit zurück, wo sie mir meine Fehler in der Erziehung vorgehalten hat. Und ich musste ihr Recht geben. Nur einer ist der beste Vater – Gott. Er macht keine Fehler und er ist voller Liebe. Auch wenn irdische Väter nicht vollkommen sind, so werden sie in diesem Verheißungswort auf einer Beziehungsebene mit Gott in Verbindung gebracht – im Erbarmen. Ich hatte Erbarmen mit meinen Töchtern, wenn sie enttäuschende und niederdrückende Erfahrungen gemacht hatten. Ich sprach mit ihnen, tröstete sie, half, wo es möglich war. So und noch viel tiefer und umfassender erbarmt sich auch Gott über die, die Ehrfurcht haben vor ihm, die ihn ehren, ihm zur Verfügung stehen und ihn lieben. Wenn Sie diese innere Verbindung zu Gott haben, wenn er Ihr Vater ist, dann dürfen Sie auch heute mit seinem Erbarmen rechnen. Vertrauen Sie ihm Ihre Nöte, Ihre Sorgen, Ihre enttäuschenden Erfahrungen an.

149 Der Reiseführer

Und wenn er alle seine Schafe hinausgelassen hat, ***geht er vor ihnen her,*** *und die Schafe folgen ihm nach; denn sie kennen seine Stimme.* (Johannes 10,4)

Machen Sie sich bitte bewusst, dass Sie unterwegs sind. Sie sind unterwegs von Sekunde zu Sekunde, von Stunde zu Stunde, von Tag zu Tag, von Jahr zu Jahr. Sie sind unterwegs, ob Sie schlafen oder wachen, ob Sie arbeiten oder feiern, ob Sie zu Hause sind oder auf der Straße. Sie befinden sich auf der Lebensreise, und auf dieser einmaligen Reise brauchen Sie einen Führer, denn das Leben ist für jeden Menschen unbekanntes Land. Keiner weiß, was in der nächsten Stunde auf ihn zukommt.

Dabei ist klar, dass dieser Führer einige unerlässliche Eigenschaften haben muss. Er muss zum Beispiel Ihr Leben vom Start bis zum Ziel detailliert kennen. Weiter muss er absolut vertrauenswürdig sein. Und er muss das Beste für Sie wollen. In dieser Verheißung stellt sich dieser Führer vor. Es ist der „gute Hirte", Jesus Christus, der Sohn Gottes, der Heiland der Welt. Wunderbar, wenn Sie – entschuldigen Sie diesen Begriff – zu seinen Schafen gehören. Wunderbar, wenn er *„vor Ihnen hergeht"*. Dann kann nichts schief gehen. Das hat er versprochen.

Warnen muss man hingegen vor falschen Führern, vor Gurus, Religionsstiftern, Kartenlegern und Wahrsagern. Auch sie versprechen, dass sie die Zukunft kennen, und bieten Lebenshilfen und Lebensführung an. Aber keiner von ihnen ist von den Toten auferstanden. Keiner von ihnen hat sein Leben für Sie eingesetzt. Keiner von ihnen hat Ihre Sünden auf sich genommen und die Tür zum Himmel geöffnet – das hat nur Jesus Christus. Mit ihm und mit seiner Führungsqualität können Sie auch an diesem Tag rechnen. Er geht vor Ihnen her – folgen Sie ihm nach.

150 Warum wollte Gott Mensch sein?

Doch als der festgesetzte Zeitpunkt da war, sandte Gott seinen Sohn, geboren von einer Frau und dem Gesetz unterstellt. Gott sandte ihn, um uns aus der Gefangenschaft des Gesetzes freizukaufen ***und als seine Kinder anzunehmen***. (Galater 4,4-5/ Neues Leben Bibel)

Auf einer Weihnachtskarte las ich: „Viele Menschen wollten Götter sein, aber nur ein Gott wollte Mensch sein." Warum wollte Gott, der Schöpfer des Universums, Mensch sein?

- Warum diese unglaubliche Erniedrigung: „*... und wickelte ihn in Windeln und legte ihn in eine Krippe*" (Lukas 2,7)?
- Warum diese unfassbare Demütigung: „*... sie verspotteten ihn ... und spien ihn an*" (Matthäus 27,29-30)?
- Warum diese unsagbare Entmenschlichung: „*... und sie kreuzigten ihn*" (Markus 15,24)?

Das Kommen des Sohnes Gottes auf unseren Planeten war kein höflicher Besuch aus dem All – es war eine Rettungsaktion von universaler und unvergleichbarer Bedeutung. Der Apostel Paulus schreibt: „*... um uns als seine Kinder anzunehmen*".

- Darum verließ der Sohn Gottes, Jesus Christus, die Herrlichkeit des Himmels und wurde ein Mensch – „*... um uns als seine Kinder anzunehmen*".
- Darum verzichtete er auf das verführerische Angebot des Teufels, Herr über alle Reiche der Welt zu werden – „*... um uns als seine Kinder anzunehmen*".
- Darum nahm er die Sünden aller Menschen auf sich und starb den Tod eines Verbrechers am Kreuz – „*... um uns als seine Kinder anzunehmen*".

Das war der Grund seines Kommens. Gott will von ihm abgefallene, sündige, entstellte, verdorbene und vergängliche Menschen zu seinen Kindern machen. Es ist das unvorstellbare Angebot der Liebe Gottes, das alles übertrifft, was sonst noch Liebe genannt werden kann. Und es gilt für Sie!

Register der Verheißungen

Inhaltsverzeichnis